Contenido

	Introducción................................ 5
Capítulo 1	Llamados a una relación con Dios 7
Capítulo 2	Conociendo a Dios a través de la oración 31
Capítulo 3	La vida de oración de Jesús 53
Capítulo 4	Los siete niveles de compañerismo 75
Capítulo 5	El propósito del compañerismo 101
Capítulo 6	La relación Padre-hijo......................... 123
Capítulo 7	Intimidad con Dios........................... 143
Capítulo 8	Relaciones de pacto........................... 163
Capítulo 9	Cómo desarrollar una relación cercana con Dios 185
	Acerca del autor.............................. 207

GUILLERMO MALDONADO

Cultivando una RELACIÓN ÍNTIMA *con* DIOS

EXPERIMENTE Y DISFRUTE SUS BENEFICIOS SOBRENATURALES

© Derechos Reservados 2022– Guillermo Maldonado

Todos los derechos reservados. Este libro está protegido por las leyes de derechos de autor de los Estados Unidos de América. No puede ser copiado o reproducido con fines comerciales o de lucro. El uso de citas cortas o la copia ocasional de páginas para estudio personal o en grupo está permitido y se fomenta. Se concederá permiso cuando sea solicitado. A menos que se indique lo contrario, todas las citas bíblicas han sido tomadas de la versión Santa Biblia, Reina-Valera 1960, © 1960 Sociedades Bíblicas en América Latina; © renovado 1988 Sociedades Bíblicas Unidas. Usadas con permiso. Las citas bíblicas de la Biblia Amplificada, han sido traducidas de Amplified Bible (AMP) Copyright © 1954, 1958, 1962, 1964, 1965, 1987 por The Lockman Foundation (www.Lockman.org). Todos los derechos reservados. Las citas bíblicas marcadas (NVI) han sido tomadas de la Santa Biblia, Nueva Versión Internacional, NVI®, © 1999, 2015 por Bíblica, Inc.®, Inc.® Usadas con permiso de Bíblica, Inc.®. Todos los derechos reservados. El énfasis en las citas de las Escrituras es propio del autor. Tenga en cuenta que como estilo editorial Destiny Image pone en mayúsculas ciertos pronombres de las Escrituras que se refieren al Padre, al Hijo y al Espíritu Santo y puede diferir del estilo de otras editoriales. Observe también que el nombre de satanás y otros nombres relacionados no los escribimos con mayúsculas. Elegimos no reconocerlo, hasta el punto de violar ciertas normas gramaticales.

DESTINY IMAGE® PUBLISHERS, INC.
P.O. Box 310, Shippensburg, PA 17257-0310
"Promoviendo vidas inspiradas".

Este libro y todos los demás libros de Destiny Image y Destiny Image Fiction están disponibles en las librerías cristianas y distribuidores alrededor del mundo.

Para más información sobre distribuidores extranjeros, llame al 717-532-3040.

Contáctenos vía Internet: www.destinyimage.com.

ISBN 13 TP: 978-0-7684-7188-5

ISBN 13 eBook: 978-0-7684-7189-2

Para distribución en todo el mundo.

1 2 3 4 5 6 7 8 / 27 26 25 24 23 22

Introducción

El mundo de hoy está lleno de conocimientos para desarrollar nuevas tecnologías, hacer descubrimientos científicos, desarrollar nuevos cuidados físicos, estéticos, nutricionales, etcétera, pero muy pocos saben cómo lidiar con las relaciones personales. Como resultado de esto, vemos una sociedad individualista, de personas solitarias, con relaciones rotas y familias disfuncionales. Hay mucha gente exitosa en sus profesiones, finanzas y negocios, pero que no ha alcanzado el éxito en sus relaciones. La presente es la generación más conectada de todos los tiempos. Podemos interactuar o hacer transacciones con personas alrededor del mundo con solo levantar nuestro teléfono celular. Todo lo que uno quiere saber está a un clic de distancia. Sin embargo, ésta es la generación que más carece de conexiones verdaderas, pues sus relaciones son efímeras y superficiales. Hoy más que nunca necesitamos aprender a relacionarnos de forma genuina, entre seres humanos y con Dios.

Hoy, el hombre es capaz de explorar planetas lejanos, poner satélites en el espacio, lidiar con virus microscópicos, pero no sabe resolver sus problemas relacionales. *"y todo espíritu que no confiesa que Jesucristo ha venido en carne, no es de Dios; y este es el espíritu del anticristo, el cual vosotros habéis oído que viene, y que ahora ya está en el mundo"* (1 Juan 4:3). Este espíritu tiene un objetivo muy claro: dividir a las personas y destruir nuestra relación con Dios. La Biblia también llama a este espíritu "...

[el] *príncipe de la potestad del aire, el espíritu que ahora opera en los hijos de desobediencia"* (Efesios 2:2). Esta generación que yo llamo "la generación del micro ondas", porque todo lo quieren rápido, no entiende de relaciones fuertes. Esto hace que Dios no sea una prioridad para ellos; no quieren tomar tiempo para establecer una relación con Dios, porque andan tras la búsqueda de una gratificación instantánea.

Este libro tiene el propósito de abrir los ojos de los lectores para mostrarles la necesidad que tienen de establecer una relación con Dios, más allá de asistir al servicio de los domingos, ver los servicios en línea o hacer oraciones rápidas y repetitivas. Este es un llamado para que usted rompa con el engaño del enemigo, la influencia del espíritu de este siglo, el individualismo y el egocentrismo. Es una convocatoria a restablecer nuestro compañerismo y tener intimidad con nuestro Padre celestial. A cambio, desarrollará relaciones fuertes, no solo con Dios, sino con otras personas. Aprenderá a tener relaciones de pacto, fuertes y leales, con las que podrá contar tanto en los buenos momentos como en las pruebas que la vida le presente. Desarrollará una relación muy estrecha con nuestro Padre celestial, de manera que nunca más se sentirá solo, inseguro o perdido en este mundo, sin conocer su propósito.

La relación íntima con nuestro Padre celestial le añade a nuestra vida, sentido, dirección, identidad, seguridad, sentido de pertenencia y valor. La dificultad está en que no mucha gente está dispuesta a recorrer el camino que lleva al compañerismo con Dios. Éste requiere inversión de tiempo, demanda renunciar a las cosas banales de la vida, exige un fuerte compromiso y un alto precio que pagar. Sin embargo, la recompensa es invaluable. Es una gran oportunidad para avanzar en su caminar con Cristo. ¡Tómela y transforme su vida cristiana para siempre!

Capítulo 1

Llamados a una relación con Dios

En el principio, Dios creó los cielos y la tierra. También creó al hombre a Su imagen y semejanza. El hombre era la cúspide de Su creación, y lo dejó para el final porque uno de Sus propósitos era mantener relación cercana e íntima con él. Por eso, cuando Dios puso a Adán y Eva en el huerto, a menudo bajaba a tener compañerismo con ellos. Hasta que un día, *"oyeron la voz de Jehová Dios que se paseaba en el huerto, al aire del día"* y se ocultaron porque sintieron miedo, pues habían desobedecido al Señor (Génesis 3:8). Ese día, el pecado separó al hombre de Dios, y la relación de intimidad entre ambos se rompió. Sin embargo, como podemos ver, el hombre fue diseñado inicialmente para la intimidad y el compañerismo divino; para vivir en continua e inquebrantable relación con su Creador. En otras palabras, venimos a la tierra con la necesidad intrínseca de tener relación con nuestro Padre celestial. Cuando Dios nos creó a Su imagen, también nos impartió Sus mismas capacidades, tales como pensar, sentir, amar, conocer, hablar y comprender, lo cual no sucede con Sus otras creaciones. Esta era la única manera en que Dios podía sentir el compañerismo del hombre.

Del mismo modo, Dios también colocó el deseo de compañerismo dentro de nuestro ADN espiritual y emocional, con el propósito de que llegásemos a ser uno con Él. Cuanto más permanezca el hombre en comunión con Dios, más se parecerá a Él. Dicho esto, podemos establecer que con quien más nos relacionamos o tengamos comunión es a quien nos pareceremos. Por eso, cuando Adán y Eva rompieron su relación con Dios, también dejaron de parecerse a Él y comenzaron a parecerse a alguien más; en este caso, a satanás.

Dios no estaba dispuesto a perder la corona de Su creación. Buscando recuperar esa comunión y compañerismo con el hombre, Dios el Padre diseñó un plan de rescate. Puesto que el hombre se había separado de Él a través del pecado, la única forma de redención era mediante el sacrificio de un ser de naturaleza humana, pero libre de pecado. Esta es la razón por la que el Hijo de Dios vino a la tierra en forma de hombre y fue concebido en el vientre de una mujer virgen por obra y gracia del Espíritu Santo. Su propósito era restaurar la relación del ser humano con el Padre. Por eso, al comenzar Su ministerio, Jesús proclamó: *"El Espíritu del Señor está sobre mí, Por cuanto me ha ungido para dar buenas nuevas a los pobres; me ha enviado a sanar a los quebrantados de corazón; a pregonar libertad a los cautivos, y vista a los ciegos; a poner en libertad a los oprimidos; a predicar el año agradable del Señor"* (Lucas 4:18-19). Este "año agradable del Señor" hace referencia al jubileo expresado en el Antiguo Testamento. Según la ley, cada cincuenta años los esclavos por deudas debían ser puestos en libertad y las tierras debían volver a su dueño original. Jesús es el que trae el jubileo a nuestra alma, quien nos redime y nos devuelve al compañerismo con el Padre, algo que habíamos perdido por nuestra deuda de pecado.

La primera parte de la unción de Jesús es proclamar el evangelio del Reino, que es una invitación a volver a entrar en estrecha relación con el Padre. Implica la transformación milagrosa del corazón, porque es con el corazón que tenemos intimidad con Dios. Cuando el corazón está quebrantado, herido o endurecido, se nos dificulta tener relación con Él. La condición de pecador separa al ser humano de su Creador. Jesús vino a restaurar la relación del hombre con Dios y a mostrarnos que el Padre no es una figura impersonal, sino un Padre amoroso. Él quiere una relación estrecha con Su pueblo e intimidad con cada uno de nosotros.

Por eso, una vez que somos salvos, el pecado es borrado de nuestra vida y podemos volver a la intención original de Dios, la cual es tener una estrecha relación con Él.

Si observamos con atención la relación de intimidad que existe en la Trinidad —Padre, Hijo y Espíritu Santo—, veremos que entre ellos hay tres rasgos bien definidos: la paternidad, el principio de ser cabeza y el compañerismo. Dios quiere compartir esto con nosotros Sus hijos. Él nos da Su paternidad para que también nosotros se la demos a los millones de huérfanos espirituales que existen en el mundo. Él nos guía para que aprendamos a obedecer y les demos dirección a quienes caminan en la oscuridad. Nos da Su compañerismo para que podamos compartir con Él todas las cosas y llevar esa misma comunión a la gente que deambula sola por el mundo. La plenitud del corazón del hombre se encuentra en la comunión con Dios y con otras personas. *"Lo que hemos visto y oído, eso os anunciamos, para que también vosotros tengáis comunión con nosotros; y nuestra comunión verdaderamente es con el Padre, y con su Hijo Jesucristo. Estas cosas os escribimos, para que vuestro gozo sea cumplido"* (1 Juan 1:3-4).

Entendiendo qué es una relación

Acabamos de introducir el tema y el propósito de Dios al crear al ser humano, que es tener una relación íntima, personal y continua con Él. Sin embargo, dado que vivimos en una sociedad que desconoce el profundo valor de las relaciones, esta sociedad tampoco puede captar lo que es una relación desde la perspectiva divina. De hecho, a nivel social, las relaciones están cambiando y las personas muestran una tendencia al aislamiento. Los estudios muestran que en 1990 cada estadounidense tenía un promedio de diez amigos.[1] Ahora, al comparar dos estudios de hace algunos años, *Live Science* ha encontrado que en 1985 cada persona tenía un promedio de 2.94 amigos íntimos, y en 2004 este número cayó a 2.08.[2]

Una relación genuina no tiene que ver con lo que cada uno puede tomar del otro, ni cuánto puede beneficiarse uno al acercarse a otro; tampoco es algo unilateral, donde solo una parte contribuye a la vida de la otra. Una relación es una correspondencia, un trato. Es la comunicación entre dos o más personas, para hablar y escuchar, dar y recibir. En pocas palabras, es una conexión. Incluso, hoy en día, la ciencia reconoce que los humanos somos seres relacionales, cuya salud mental y física depende en gran parte de nuestras relaciones. Imagine entonces lo que una relación con nuestro Creador puede significar para la humanidad. Más que cualquier otra cosa, el ser humano necesita conectarse con Dios, y esa conexión solo puede lograrse a través de un pacto. Dios no establece relaciones sueltas o sin compromiso. Una relación con Dios implica un caminar diario. Es un compromiso mutuo cuyo propósito es el compañerismo y la unidad completa; es volverse uno con nuestro Padre celestial.

Una relación con Dios se establece sobre la base del amor, la obediencia, el temor de Dios, la confianza, la comunicación y el compromiso.

Solo cuando estas bases están bien establecidas, dos vidas pueden tener éxito en una relación. Esto es así porque una relación con Dios es un estado de ser. Es el lugar desde donde operamos, nos movemos, caminamos, vivimos, y nos comunicamos con Dios y otros seres humanos. En otras palabras, es algo que no se puede simular ni hacer a medias. O tenemos una relación con Dios o no la tenemos. Si decimos que tenemos una relación con Dios, pero hay pecado en nuestra vida, entonces nuestra afirmación es falsa. Una relación no puede existir de esa manera. Del mismo modo, si decimos que tenemos relación con Dios, pero hay falta de perdón en nuestro corazón hacia otras personas, esa relación también es falsa, porque Su amor está ausente. Muchas personas van a la iglesia, alaban a Dios, ofrendan y oran, pero cuando salen de allí, no hay evidencias de su cristianismo. Esa no es una relación; es mera religión, un conjunto de normas y apariencias que complacen a los hombres, pero no a Dios.

Para tener una relación con Dios necesitamos conocerlo, y para conocer a Dios necesitamos relacionarnos con Él.

Como vemos, no es un tema simple. Conectarse realmente con el Creador y desarrollar una relación con Él implica mucho más que hacer actos religiosos. Requiere *conocer a* Dios. Y ese conocimiento no viene a través de medios naturales, ni por asistir a eventos o hacer ritos religiosos; no depende de cuánto cantemos, oremos, conozcamos la Biblia o demos ofrendas. No podemos conocer a Dios a través de una organización, iglesia, libros o prédicas. El conocimiento de Dios viene por revelación, y esto solo ocurre a través de una relación de intimidad. Todo con Dios viene por, a través de, y desde una relación que produce conocimiento revelado de Él. Dios se ha revelado a lo largo de los siglos por medio de una relación continua y creciente con hombres y mujeres que han respondido a Su llamado y han buscado una relación con Él. Todo lo que hemos recibido de Dios ha sido gracias a nuestra relación con Él.

La palabra "conocer" significa "averiguar el ejercicio de las facultades intelectuales de alguien, su naturaleza, cualidades y relaciones con los demás". Es "percibir un objeto o persona como distinto de todo lo que no es él o ella". Dios es distinto de todo lo que no es Él. Cuando tenemos una relación con Él podemos distinguir todo lo que Él no es, porque conocemos todo lo que Él es. En hebreo, la palabra que traducimos al español como "conocer" es *yadá*, que implica una distinción profunda. Significa además, "observación detallada, cuidado minucioso y reconocimiento; es ser consciente de considerar, comprender, descubrir, respetar y conocer profundamente (como un hombre conoce en la intimidad a una mujer)". Denota una relación íntima, muy cercana con algo o alguien.

Tener una relación con Dios implica conocerlo, y conocerlo implica dedicarse a observarlo, contemplarlo, reconocerlo, descubrirlo, comprenderlo, respetarlo y tener intimidad espiritual con Él. Por eso, cuando Dios no es primero, no existe relación. Nada de esto puede lograrse orando de vez en cuando, adorando cuando tenemos tiempo o ganas. En la Biblia, Jesús enseñó acerca de esto en Mateo 25 a través de una parábola en la que compara el Reino de Dios con diez vírgenes. En esta parábola, el aceite representa una relación viva, continua y, sobre todo, actual con el novio. Es un símbolo de la llenura del Espíritu Santo. Esta parábola revela que las cinco vírgenes descritas como necias no tenían una relación permanente con Dios. Ese era su déficit o la razón por la que no pudieron entrar en las bodas con el novio. Hubo un tiempo en el que ellas tuvieron una relación, pero dejaron de ser consistentes; no guardaron suficiente aceite para la crisis, ni tuvieron con qué seguir cuando les sobrevino el cansancio y el sueño de la noche.

De lo anterior entendemos que el cristianismo es como una maratón —una carrera de varios kilómetros— en la que no solo hay que empezar con fuerza y ganas, sino que además hay que saber dosificar las fuerzas para arremeter en la recta final. Si un atleta, por ejemplo, no se prepara para esa instancia, es insensato y no podrá completar la carrera. *"Mas el que persevere hasta el fin, éste será salvo"* (Mateo 24:13). La vida con Dios no es para los que corren rápido, se cansan y abandonan, sino para los que saben dosificar sus fuerzas y resisten hasta llegar a la meta; es para las vírgenes que tienen aceite de reserva para esperar al novio y entrar con Él a las bodas.

La relación garantiza la provisión

Todas las bendiciones, como la salvación, la sanidad, los milagros, la provisión y todo lo que podamos necesitar están garantizadas dentro de nuestra relación personal, íntima y continua con Dios. Si conocemos a Dios no temeremos al futuro porque sabemos que todo está previsto de antemano. Dios no nos negará ninguno de nuestros derechos, porque nuestra relación con Él garantiza que nuestras oraciones serán contestadas. Así lo prometió Jesús. *"En aquel día no me preguntaréis nada. De cierto, de cierto os digo, que todo cuanto pidiereis al Padre en mi nombre, os lo dará"* (Juan 16:23). En este tiempo final, estamos viviendo una temporada de oraciones contestadas. Dios quiere que volvamos a encontrarnos en ese lugar de relación con Él.

En el Antiguo Testamento, cuando Dios sacó de Egipto al pueblo de Israel, lo llevó al desierto. Ese pueblo estaba acostumbrado a vivir en esclavitud, no tenía gran fe; pero el Señor les proveyó todo porque tenían una relación de pacto. *"No os afanéis, pues, diciendo: ¿Qué comeremos, o qué beberemos, o qué vestiremos? Porque los gentiles buscan todas estas cosas; pero vuestro Padre celestial sabe que tenéis necesidad de todas estas cosas"* (Mateo 6:31-32). Por lo tanto, nuestras necesidades, como el trabajo, el negocio, la familia y nuestra carrera deben ser secundarias, porque nuestra prioridad es Dios.

Las necesidades de los creyentes comienzan cuando su relación con Dios se rompe.

Esta relación no es complicada ni es solo para algunos. Usted es un candidato perfecto para recibir la provisión completa y continua de Dios. Lo único que Él nos pide es que mantengamos una relación constante e íntima con Él. Como dije antes, ésta no es una relación complicada, pero debemos estar preparados para entregarle nuestro corazón a Dios y buscarlo a diario en oración.

En lo natural, siempre que mis hijos mantengan una relación conmigo, yo proveeré para sus necesidades, porque la relación que compartimos les da derecho a esperar provisión. *"Jehová es mi pastor; nada me faltará"* (Salmos 23:1). Si falta algo, como comida, bebida, ropa, vivienda o dinero, es porque este principio se ha roto o está siendo violado. La gente de este siglo quiere cosas, pero no quiere a Dios. No quieren tener relación con Él. Tienen tiempo para todo menos para relacionarse con Dios. Si no ponemos en primer lugar nuestra relación con nuestro Padre celestial, todas nuestras necesidades permanecerán insatisfechas.

La relación es el lugar de donde provienen nuestros derechos y privilegios.

Llamados a una relación

"Fiel es Dios, por el cual fuisteis llamados a la comunión con su Hijo Jesucristo nuestro Señor" (1 Corintios 1:9). El evangelio es una invitación a entrar en comunión y en relación con Jesucristo. En el versículo de arriba, la palabra *"a"* indica que la comunión o el compañerismo es un fin deseable por sí mismo. Predicar y enseñar son medios exitosos solo si logran ese fin. Fuimos llamados del mundo *"a"* tener una relación íntima con nuestro Padre celestial. No es un llamado cualquiera; es una invitación especial de Dios *"a"* estar con Él en este momento y por la eternidad. Antes de ser salvos, Dios tomó una y otra vez la iniciativa para restablecer esa relación. Después de aceptarlo y recibir Su amor y salvación, Dios espera que nos acerquemos a Él, que anhelemos estar en Su presencia y busquemos conocerlo cada vez más.

Nosotros también debemos guiar a otros a buscar esa relación, predicando *"Lo que hemos visto y oído* [porque ésa es nuestra misión]*, eso os anunciamos, para que también vosotros tengáis comunión con nosotros; y nuestra comunión verdaderamente es con el Padre, y con su Hijo Jesucristo"* (1 Juan 1:3). De ahí que, todas nuestras actividades, tanto a nivel personal como en la iglesia, deben girar en torno a este fin: tener una relación más fuerte con Dios y llevar esa revelación a los demás. Por ejemplo, el propósito de evangelizar, no debería ser para tener más gente en la iglesia, sino para que más personas conozcan a Dios. Nuestra adoración, no debe ser para entretener a la gente con música, sino para llevar a los creyentes a tener una relación más íntima con Dios. Cuando repartimos alimentos a los necesitados, no es para publicitar el ministerio, sino para mostrarle a la gente el amor de Dios y tener la oportunidad de dárselo a conocer. Ninguna religión en el mundo requiere que sus seguidores tengan una relación personal con su fundador, porque todos ellos están muertos. Solo la fe cristiana exige una relación personal con su fundador, el Señor Jesucristo, porque resucitó, Su tumba está vacía y Él vive para siempre.

> El cristianismo no es una religión sino una relación con Dios.

Nuestra relación con Dios: una prioridad

Si los cristianos tuviéramos una perspectiva de cómo Dios ve las relaciones, sabríamos que no podemos estar bien con Él sin esa comunión diaria. Jesús lo sabía, por eso le dio prioridad y les enseñó a Sus discípulos lo mismo. *"Mas buscad primeramente el reino de Dios y su justicia"* (Mateo 6:33). Por lo tanto, el principio relacional en el Reino es la fuerza vital en la vida de un creyente. Sin relación no hay vida, virtud ni poder. El poder emana de esa relación, sanando a los enfermos, echando fuera demonios y liberando a los oprimidos, siempre en bendición. Conforme al orden divino, la prioridad determina el fluir de la bendición, y la bendición siempre fluye hacia abajo. Como podemos ver, el poder de Dios no es simplemente un principio teórico. Se transmite a través de la intimidad. Muchos utilizan los principios de Dios sin conocerlo, pero ese es un grave error. Debemos estar seguros de operar en milagros, señales y maravillas que provengan de nuestra relación con Dios.

> **Aquello que pongamos en primer lugar será nuestro dios. Si ponemos al Padre primero, Él nos ubica a continuación. ¡Dios siempre será nuestra única opción cuando Su supremacía se establezca en nuestros corazones!**

Nuestro Dios es muy celoso y nunca querrá ocupar segundos lugares. Esto se debe a que, en Su corazón, nosotros ocupamos el primer lugar. Dios nos ha dado prioridad sobre el resto de Su creación; nos hizo a Su imagen y semejanza y tomó la iniciativa de tener una relación personal con nosotros, cosa que no hace con ninguna otra criatura. Por lo tanto, Dios exige ser el primero en orden de importancia. Primero en tiempo, lugar y orden. Por eso elijo dedicarle a Él las primeras horas de cada día, sin medir el tiempo, sin poner nada en primer lugar en mi corazón o mente. Le doy a Él mi completa e indivisible atención. Él es lo más importante para mí, y se lo demuestro a diario. Le brindo mi completa adoración, entrega y sumisión en todo. En mi casa, tengo un lugar específico para orar, leer Su Palabra y adorarlo. ¡Ese es mi lugar favorito!

Dios debe ser el primero cada día. Desde el momento que nos despertamos hasta que nos acostamos, debemos hablar con Él. La primera hora del día es clave; nuestra primera oración, adoración y acción de gracias debe ser para Él. En general, todo lo importante en el Reino debe ser una prioridad para nosotros, porque siempre está vinculado a lo eterno y no a lo natural o pasajero. A lo que le damos el primer lugar, a lo que dedicamos la mayor parte de nuestro tiempo de calidad, amor y apego, eso se convierte en nuestro dios. Por eso, cuando la crisis llega, tenemos que estar seguros de que ese "dios" al que le hemos dado prioridad en la vida es al que podemos recurrir para resolver nuestros problemas. Nada de índole natural puede ocupar ese lugar. Por lo tanto, nuestra prioridad en la vida debe ser Dios.

La mayoría de creyentes no tienen una relación con Dios. Otros han perdido esa relación porque la han descuidado. Han puesto su relación con Dios en segundo o tercer lugar, y se han enfriado. Son creyentes caídos, aunque no lo sepan. Ahora, todas sus actividades pasan por el trabajo, la familia, el gimnasio, sus negocios y el entretenimiento; pero no por Dios. Piensan que creer en Dios e ir a la iglesia los domingos, o de vez en cuando, es suficiente para decir que tienen una relación con Dios. Si la mayor parte de nuestro tiempo lo dedicamos a cualquier otra cosa que no sea Dios, no habrá relación. Nada existe para Dios si Él no está en primer lugar. Hoy, Cristo está llamando a los creyentes a volver al primer amor (vea Apocalipsis 2:4).

Una relación bidimensional

Debemos aprender a ser prácticos y espirituales al mismo tiempo. Una cosa no debe restarle importancia a la otra. Por ejemplo, cuando tenemos hambre no oramos. Comemos. Eso es práctico y se considera de sentido común. Por lo tanto, caemos en error cuando nuestra espiritualidad comienza a superar nuestra practicidad. El ser humano tiende a organizarse tanto, llenarse de reglas innecesarias, que pierde la practicidad o el sentido común. En ese caso, dejamos de ser relacionales y nos volvemos mecánicos, separados del amor de Dios.

El símbolo de la fe cristiana es la cruz, que se compone de dos vigas cruzadas. Una está colocada verticalmente, y sostiene a la otra que se ubica horizontalmente. La viga vertical apunta hacia arriba y simboliza nuestra relación con Dios, mientras que la viga horizontal simboliza la relación con nuestros compañeros u otros seres humanos. Esto nos lleva a deducir que nuestra relación con Dios es el fundamento que sostiene nuestra relación con las personas que nos rodean. Si una está fuera de lugar, la otra también lo estará. La viga vertical sin la horizontal no es una cruz; y la viga horizontal sin la vertical no tendrá lugar donde apoyarse. Lo mismo sucede en nuestra vida personal. Todo en la tierra refleja lo que existe en el cielo. Lo visible refleja lo invisible. Nuestras relaciones con las personas que nos rodean siempre serán proporcionales a nuestra relación con Dios. Si nuestra relación con Dios está muerta, nuestras relaciones con las personas también lo estarán. Si somos fríos con Dios, seremos fríos con la gente. Esto expone nuestra condición espiritual. La luz y las tinieblas no pueden coexistir (vea Juan 1:7). ¡Es imposible! Por eso, Dios separó la luz de la oscuridad.

Si tenemos una actitud equivocada hacia nuestros hermanos —como falta de perdón, resentimiento, amargura u odio— seremos excluidos de la comunión o del compañerismo con Dios. El compañerismo es un lugar de prueba de fuego; es la razón por la que muchas personas huyen de él. No quieren compartir con otros creyentes porque ahí es donde son probados. Nuestra relación con Dios está destinada a llevarnos a algún lugar. Así como Dios viene a nosotros, nosotros vamos a la gente.

> Toda relación corporativa es el resultado de nuestra relación con Dios. La forma como servimos a Dios será la misma forma como serviremos a la gente.

Nuestra relación con Dios determinará nuestro servicio. Este es el mandato de Dios, ratificado por Jesús: *"Y amarás al Señor tu Dios con todo tu corazón, y con toda tu alma, y con toda tu mente y con todas tus fuerzas. Este es el principal mandamiento. Y el segundo es semejante: Amarás a tu prójimo como a ti mismo. No hay otro mandamiento mayor que estos"* (Marcos 12:30-31). Si no amamos a las personas, lo más probable es que no amemos a Dios porque cuando amamos a Dios, amamos lo que Él ama, y Dios ama a las personas. Cuando nuestra relación con Dios no es correcta, no podemos ser sensibles a las necesidades de la gente, porque nuestros corazones están endurecidos. Algunos estamos tan ocupados que no tenemos tiempo para servir o amar a otros hermanos y hermanas con el amor que recibimos de Dios.

La iglesia crecerá cuando esta revelación entre en el corazón del hombre y demos prioridad a nuestra relación con Dios. Solo entonces seremos capaces de amar a Su pueblo como Él lo ama. Jesús lo hizo, como humano, para que podamos seguir su ejemplo. *"En esto hemos conocido el amor, en que él puso su vida por nosotros; también nosotros debemos poner nuestras vidas por los hermanos. Pero el que tiene bienes de este mundo y ve a su hermano tener necesidad, y cierra contra él su corazón, ¿cómo mora el amor de Dios en él?"* (1 Juan 3:16-17).

Esta demostración de amor hacia el prójimo es la prueba que separa a los que son de Dios de los que son del enemigo. Cuando Cristo regrese en gloria para juzgar a las naciones, *"Entonces dirá también a los de la izquierda: Apartaos de mí, malditos, al fuego eterno preparado para el diablo y sus ángeles. Porque tuve hambre, y no me disteis de comer; tuve sed, y no me disteis de beber; fui forastero, y no me recogisteis; estuve desnudo, y no me cubristeis; enfermo, y en la cárcel, y no me visitasteis"* (Mateo 25:41-43). Cuando nuestro hermano estuvo en la cárcel o en el hospital; cuando tuvo problemas matrimoniales o con sus hijos; cuando murió alguno de sus familiares; cuando tuvo dificultades financieras, se quedó sin trabajo o no tenía comida; cuando se desanimó o enfermó; cuando tuvo problemas en su negocio, ¿estuvimos a su lado y le amamos con el amor que proviene de nuestra relación con Dios?

Cuando amamos a las personas como Dios las ama, seremos como Dios y viviremos con Él. Su pasión, Su corazón, Sus deseos, Sus cargas y Su dolor serán nuestros. Veremos a las personas como Él las ve. Así lo hizo Cristo cuando caminó la tierra. En una ocasión, por ejemplo, viendo que la gente lo había seguido durante varios días para aprender de Sus enseñanzas, *"Jesús, llamando a sus discípulos, dijo: Tengo compasión de la gente, porque ya hace tres días que están conmigo, y no tienen qué comer; y enviarlos en ayunas no quiero, no sea que desmayen en el camino"* (Mateo 15:32). La misión principal de Jesús no fue venir a alimentar a la gente, pero eso no le impedía tener compasión por sus necesidades físicas, porque amaba a la gente y se preocupaba por su bienestar. Por esa iglesia —por la novia de Cristo— viene el Señor.

Debemos amar a Dios tanto como
Él nos ama, y a las personas tanto como
Él las ama.

Oraciones contestadas

En esta sección del libro quiero compartir algunos testimonios de personas que han aprendido el valor de tener una relación con Dios, han desarrollado una vida de oración y comunión con Él, y han visto los frutos de esa relación, incluso en momentos críticos. Usted leerá testimonios de personas de diferentes partes del mundo —hombres, mujeres, jóvenes, ancianos, matrimonios, familias, empresarios, atletas, ministros del evangelio y más— que han podido ver sus vidas transformadas por el poder de su relación con nuestro Padre celestial. Esto le inspirará a anhelar relacionarse con Dios y decidirse a cultivar esa intimidad con Él que cambia vidas.

"Mi nombre es Blanca Onoa. He sido parte de esta casa por más de 18 años. Durante ese tiempo, me he convertido en una mujer de oración y he desarrollado mi relación con Dios como Padre. Cuando llegué por primera vez a la iglesia, estaba intoxicada, pensaba que estaba yendo a un club. Me quedé dormida en el suelo y tuvieron que recogerme. Mi proceso fue rápido. Ese mismo sábado me bauticé, y el domingo ya estaba asistiendo a la fiesta de bienvenida.

Allí, aprendí a orar para comunicarme con mi Padre celestial. ¡Tener una vida de oración me ha salvado! Durante mi caminar cristiano, dejé el licor y los cigarrillos, y abandoné por completo el mundo y los engaños del enemigo. En respuesta a mis oraciones, Dios trajo a los 37 miembros de mi familia a Su camino. Mi hijo, que era un mujeriego y prácticamente vivía en los clubes, fue salvado y liberado. Hoy en día, él es un pastor. En cuanto a mi relación con Dios, siento que Él me ha dado Su amor y me ha empoderado. Cuando salgo a evangelizar, abrazo a la gente, y Su presencia se manifiesta. Dios me salvó de lo peor. Por eso le doy gracias a Él y a mi padre espiritual. Antes de la pandemia, conocí a una persona que estaba muriendo en un hospital porque se había caído de un tercer piso después de tocar un cable eléctrico. El shock afectó su cerebro. Le llevé un paño ungido y se lo puse en la parte de su cráneo que había sido fracturada. Lo alimenté, le di seguimiento, oré por él diariamente. ¡Hoy, está completamente sano! Dios es tan bueno que la familia de ese hombre, al ver el milagro, también vino a los pies de Jesús. Por medio de la oración, todo en mi vida ha sido producto de la mano de Dios. Hoy, puedo decir que mantengo con Él una vida de intimidad. Él es mi Padre Todopoderoso, que siempre está conmigo. ¡Gloria a Dios!"

• • • • • • • •

"Me llamo Hugo González. Soy de Veracruz, México. Durante la mayor parte de mi vida (25 años), tuve que lidiar con la bisexualidad debido al abuso que sufrí de niño. Mi proceso fue duro y largo, pero el Señor tuvo misericordia de mí en cada área de mi vida. No sabía cómo lo haría, ¡pero lo hizo! En mis primeros años como creyente, no tuve una relación íntima con Dios. Sabía que Él me había sanado de una enfermedad en el colon, y lo había aceptado como mi salvador. Sin embargo, todavía luchaba con el alcoholismo; Hacía cosas vergonzosas cuando estaba borracho. Después de unos años, me diagnosticaron un tumor canceroso de nivel 4 en la cabeza y me dieron seis meses de vida. Mi hermana estaba conmigo, y decidimos no aceptar ese diagnóstico y creer que Dios tenía algo más para mí. Ella compró el libro *Jesús sana tu enfermedad hoy* y me lo llevó al hospital. Comencé a leerlo y a aferrarme a la revelación de lo que Dios podía hacer. Después de muchas idas y venidas, me operaron y me trasladaron a cuidados intensivos. ¡Todo había salido bien! Sobrenaturalmente, mi recuperación fue inmediata. Al leer el libro, pude ver cómo el enemigo había querido matarme. Aprendí a luchar con espíritus demoníacos, que solo te poseen y te llevan a la muerte. Pude entender por qué no podía ser libre antes. Ese día, decidí orar al Señor y tener una relación real con Él. El libro me llevó a buscar esa relación con Dios, donde pude conocerlo y tener revelación de Su poder. Durante mi tiempo en el hospital, me conecté a los servicios y me alimenté de las prédicas; pero, sobre todo, comencé a levantar mi altar ante el Gran Yo Soy. En mi relación con Dios pude ver la magnitud y el poder de Su amor, lo que me llevó a ser transformado y empoderado para recibir mi milagro. Un día, en medio de mi sentencia de seis meses de vida, me conecté a la transmisión de una conferencia que hacía la iglesia ese fin de semana (la Conferencia Apostólica y Profética, CAP). Un apóstol estaba predicando y dijo: "Hay alguien con cáncer que está en el hospital; Dios te va a sanar". ¡Sentí que esa palabra era para mí! En ese momento, tuve un encuentro con la presencia de Dios, y quedé completamente libre. ¡Él me sanó! Ahora solo quiero predicar, evangelizar y sanar a los enfermos. Ya no tengo nada que esconder ni de qué avergonzarme, nada que me impida dar mi testimonio, porque Dios me salvó y me sanó. Además, me liberó de las ataduras sexuales y de la adicción. Todo esto se lo debo a Dios y al hecho de que, en Su presencia, recibí revelación de Su amor y Su poder".

Activación práctica

Si nunca ha tenido una relación con Dios, lo primero que necesita es estar seguro de que ha recibido a Jesús en su corazón como su Señor y Salvador. Para ello le invito a repetir esta oración:

"Padre Celestial, yo reconozco que soy un pecador y que mi pecado me separa de Ti. Hoy, me arrepiento de toda mi vida lejos de Ti. Confieso que Jesucristo es el Señor y que Tú lo resucitaste de entre los muertos. Perdóname y límpiame para que pueda tener una relación contigo. Te pido que salves mi alma y escribas mi nombre en el libro de la vida. El día que muera, sé que al abrir mis ojos, estaré en los brazos de mi Padre celestial. En el nombre de Jesús, ¡amén!"

Si anhela una relación personal con Dios, le invito a practicar lo siguiente:

- Ahora mismo, ahí donde está, haga un pacto con Dios para buscar y desarrollar una relación íntima con Él, que crezca a diario. Comprométase a hacer su parte para que esto suceda. Haga una oración como la siguiente:

"Padre Celestial, en este día, vengo a Tu presencia. Te pido perdón por no haber puesto mi relación contigo en primer lugar. Te pido perdón por haber fallado. Hoy, me comprometo a tener una relación cercana contigo, a buscar Tu rostro en la intimidad, a buscar Tu guía y dirección, y a depender de ellas diariamente. Te pido gracia para poder hacerlo, y que cuando falle sea Tu Espíritu Santo quien me ayude a levantarme para retomar el camino y seguir sin desmayar. ¡Todo esto te lo pido el nombre de Jesús! ¡Amén!"

- Lleve un diario en el que pueda escribir sus experiencias personales con Dios para ver su crecimiento. Anote todo lo que el Padre le revele y los cambios que usted vea en su vida una vez que comience su relación con Él.

- Además, le recomiendo que examine sus relaciones con su familia, amigos y hermanos en Cristo. Anote sus conclusiones en ese mismo diario.

- Desarrolle un plan para sanar sus relaciones con el amor y el poder de Dios que fluye de su relación con Él. Perdone las ofensas y dolores que las personas le han causado a lo largo de su vida. Deje que el Espíritu Santo sane sus heridas.

Resumen del capítulo

- Dios creó al hombre a Su imagen para tener relación íntima con Él. Sin embargo, el hombre escuchó la voz de satanás y pecó contra Dios. Ese pecado nos separó del Padre.

Uno siempre se parecerá a la persona con la que tiene comunión.

- El hombre tiene la necesidad intrínseca de relacionarse con su Creador.
- Con Su obra en la cruz y Su resurrección, Jesús restauró nuestra relación con el Padre y cambió nuestros corazones. La pared que nos separaba fue derribada, y ahora depende de nosotros conocerlo e intimar con Él.
- La relación con Dios se basa en el amor, la obediencia, el temor de Dios, la confianza, la comunicación y el compromiso.
- Los tres rasgos de la relación de intimidad que existe en la Trinidad son: la paternidad, el principio de ser cabeza y el compañerismo. Esa misma relación es la que necesitamos desarrollar con Dios.
- La relación es una forma de correspondencia o interacción entre dos o más personas. Es el proceso de comunicación donde nos hablamos, escuchamos, damos y recibimos los unos a los otros.
- Lo que ponemos en primer lugar se convierte en nuestro dios. Por lo tanto, nuestra relación con el Padre debe ser una prioridad.

- Tener una relación con Dios implica conocerlo. Conocer significa dedicarnos a observarlo, contemplarlo, reconocerlo, descubrirlo, comprenderlo, respetarlo y tener intimidad espiritual con Él.
- La relación con Dios nos garantiza la provisión de todo lo que necesitamos, porque Él como Padre, provee todo lo que Sus hijos necesitan antes de que se lo pidamos.
- Nuestra meta como hijos de Dios es mantener una relación bidimensional, verticalmente con Dios y horizontalmente con nuestro prójimo. La relación con Dios es lo que sostiene la relación que tenemos con las personas que nos rodean.
- La relación que tenemos con nuestra familia, amigos y demás personas, es directamente proporcional a nuestra relación con Dios.

Cada relación que establecemos proviene de nuestra relación con Dios. Según le sirvamos a la gente, así le serviremos a Dios.

Notas

1. Stephanie Pappas, "7 maneras cómo las amistades son buenas para la salud", Ciencia en vivo, enero 08, 2016, https://www.livescience.com/53315-how-friendships-are-good-for-your-health.html.

2. Robert Roy Britt, "Los estadounidenses pierden el contacto y afirman tener menos amigos íntimos", Ciencia en vivo, 23 de junio de 2006, https://www.livescience.com/846-americans-lose-touch-report-close-friends.html.

Capítulo 2

Conociendo a Dios a través de la oración

Todas las religiones en la tierra tienen un dios, un ser supremo a quien adoran, pero ninguno de ellos es considerado un padre para sus seguidores. Ninguna religión requiere una relación entre su fundador y el creyente. Tampoco ningún fundador ha dado su vida por sus seguidores para restaurar la relación entre ellos. En general, las religiones ofrecen muchos beneficios, pero no exigen una devoción personal y exclusiva como lo hace nuestro Dios. Solo en el cristianismo la fe nos es dada cuando "conocemos" a Dios y establecemos una relación íntima con Él. Dios siempre toma la iniciativa de buscarnos y darse a conocer, pero nosotros debemos anhelar tener una relación con Él.

La necesidad de conocer a Dios

Conocer a Dios no es una experiencia que se vive una sola vez. No podemos decir que ya lo conocemos, simplemente porque lo hemos aceptado como nuestro Señor y Salvador. Aunque hayamos tenido un primer encuentro con Él, que ha cambiado nuestras vidas, aún nos queda mucho más que conocer de Él. Nuestra fe en Cristo comienza con un pacto personal o un contrato que hacemos con Jesús, y se desarrolla a lo largo de una relación eterna. *"Y esta es la vida eterna: que te conozcan a ti, el único Dios verdadero, y a Jesucristo, a quien has enviado"* (Juan 17:3). Esta relación es personal, presente, viva y progresiva, porque el conocimiento de Dios no tiene fin. Es un ejercicio eterno.

De hecho, es imposible conocer a Dios en Su totalidad durante el tiempo de nuestra existencia en la tierra, porque Él no tiene límites; nada ni nadie lo puede contener. Apenas si conocemos ciertos aspectos de Él a medida que lo experimentamos en nuestro espíritu. Cada persona conoce diferentes ámbitos de Dios, y cada quien tiene su propia experiencia con Él. Desde la antigüedad, vemos como Dios se revela de manera personal. Nunca se reveló a un grupo de personas, sino que llamó a un hombre y a éste le reveló Su mensaje. Así lo hizo con Abraham, Samuel, Elías, Jeremías e incluso con Jesús. Lo mismo ocurre hoy. Cada persona debe buscar la revelación de Dios por sí misma.

Dios es atraído a nosotros por la relación, porque a través de ella Él se revela.

A Dios no se le conoce leyendo libros ni asistiendo a una escuela o universidad. Solo podemos conocerlo por relación; teniendo comunicación cara a cara, dedicándole tiempo, haciendo un compromiso con Él, ofreciendo sacrificios y dándonos en total entrega. Por eso, cuando se rompe la relación con Dios, lo primero que se interrumpe es la comunicación. Una relación es, en sí misma, una experiencia de conocimiento práctico y vivencial. Tomemos como ejemplo una relación entre dos personas. La única manera de conocerse el uno al otro en lo natural, es a través de la experiencia diaria de conversar, compartir tiempo juntos, descubrirse, conocerse y dejarse descubrir por la otra persona. Nuestra relación con Dios consiste en conocer y experimentar a Aquel en quien hemos creído, mientras Él se da a conocer a nosotros, revelando Su corazón, Sus planes, voluntad y propósitos para nuestra vida. Conocer a Dios es nunca más decir: "Señor, si es Tu voluntad…" porque al tener una relación con el Padre, conocemos Su voluntad, y oramos firmemente en ese conocimiento, sin margen de duda.

El conocimiento es la ausencia de duda.

Cuando conocemos al Padre, surge el deseo de agradarle y servirle, porque toda relación da como fruto el servicio mutuo. De esa relación viene la obediencia a Dios porque aprendemos que Él tiene pleno conocimiento de todas las cosas y que Sus planes para nuestra vida son los mejores (vea Jeremías 29:11). Sin embargo, creo necesario aclarar que, en el caso de una relación con Dios, la obediencia no es una opción, sino una condición para que la misma exista. Por lo tanto, es importante conocerlo y confiar en Él. Además, dado que nuestra relación con Dios no es de igual a igual, sino de mayor (Dios) a menor (el ser humano), debemos someternos a Él en obediencia. Dios es nuestro Padre, el Creador del universo y de la raza humana, quien nos creó para que tengamos relación con Él. Existimos por Su deseo y para Su propósito. Por lo tanto, cualquier cosa contraria a la obediencia es rebelión; corta nuestra relación y nos aparta de Él. Fue la desobediencia la que determinó que la relación entre Dios y Adán se rompiera para siempre.

> Sin obediencia no hay relación, porque ningún hombre puede servir a Dios con espíritu de desobediencia.

Es importante saber lo siguiente: en una relación con nuestro Padre celestial, los seres humanos (falibles y terrenales) encontramos la verdad absoluta. Sin embargo, como nuestra capacidad es limitada, solo podemos manejar una progresión en el conocimiento de esa verdad. No podemos conocer todo a la vez. Por eso, debemos hacer de la relación con Dios una búsqueda constante y sin fin. En hebreo, "conocer" alude a una "experiencia" que se vive en tiempo continuo. El conocimiento nunca se queda estancado. Nuestro conocimiento de Dios debe ser constante y creciente. La iglesia de los últimos tiempos tiene un déficit de conocimiento de Dios, por eso no avanza en la verdad. Esto se debe a que no existe una relación íntima, continua y permanente con Dios. Las preguntas surgen de inmediato: ¿Cómo podemos desarrollar ese tipo de relación con Dios? ¿Cómo llegamos a conocer a Dios? Voy a responderles desde mi propia experiencia. Por ejemplo, yo personalmente escribo todos mis libros; y lo hago de tal manera que el lector pueda encontrar una verdad eterna explicada de forma sencilla. Además, añado aplicaciones prácticas para que de inmediato comience a caminar en esa verdad. En este libro, me interesa particularmente que usted pueda encontrar esa revelación lista para ponerla en acción. Entonces, aquí va la clave de este capítulo.

A Dios se le conoce en la oración

Si bien la clave para conocer a Dios es tan sencilla como tener una vida de oración, ésta no es tan común entre los creyentes. Un estudio realizado por el Centro de Investigación Pew muestra que, de los cristianos que asisten a la iglesia semanalmente, solo el 59 por ciento ora todos los días, y de los que van una o dos veces al mes, solo el 30 por ciento ora a diario.[1] Es evidente que la iglesia carece de conocimiento de Dios. ¡Necesitamos urgentemente volver a la oración! El conocimiento de Dios solo puede venir a través de la oración. Orar consiste en desarrollar una relación con el Padre. La oración que da como resultado una relación, es aquella que se desarrolla en el "lugar secreto" donde nos encontramos con nuestro Padre. La oración es el medio *"Para que el Dios de nuestro Señor Jesucristo, el Padre de gloria, os dé espíritu de sabiduría y de revelación en el conocimiento de él"* (Efesios 1:17).

> Nuestra relación con Dios se desarrolla a través de la oración. Nadie puede decir que conoce a Dios si no se comunica con Él a diario.

Orar implica establecer un lugar donde podamos tener comunión y compañerismo con Dios a diario, sin interrupciones. La comunión, por lo tanto, es tan íntima que no se puede hacer en público; requiere un espacio privado y único donde el Padre y el ser humano estén a solas para conocerse a fondo. La Biblia lo llama el "lugar secreto". Allí podemos hablarle, abrirle nuestros corazones, adorarlo y, sobre todo, escucharlo y conocerlo. Jesús nos enseñó acerca de ese "lugar secreto", diciendo: *"Mas tú, cuando ores, entra en tu aposento, y cerrada la puerta, ora a tu Padre que está en secreto; y tu Padre que ve en lo secreto te recompensará en público"* (Mateo 6:6). En el Antiguo Testamento, Dios se refiere al mismo "lugar secreto" en Ezequiel 7:22. David también conocía ese lugar, por eso dijo: *"He aquí, tú amas la verdad en lo íntimo, y en lo secreto me has hecho comprender sabiduría"* (Salmos 51:6). Todo lo que Dios es y tiene, ha sido transferido a nosotros por medio de la oración, cuando pasamos tiempo con Él en comunión y compañerismo.

Cuando conocemos a Dios en oración, ésta nos lleva a la comunión con Él y nos da revelación.

Conocer a Dios en oración afirma nuestra fe. Una vez que lo conocemos, nada puede alejarnos de Él. Ese es el conocimiento que nos sustenta a través de la crisis y las adversidades. Pablo dio testimonio de esto cuando dijo: *"Por lo cual asimismo padezco esto; pero no me avergüenzo, porque yo sé a quién he creído, y estoy seguro que es poderoso para guardar mi depósito para aquel día"* (2 Timoteo 1:12). La seguridad que tenemos en medio de la adversidad proviene de un lugar donde conocemos quién es Dios, y quiénes somos en Él y para Él. Una vez que conocemos quién es Dios, no podemos dudar de Él.

El conocimiento de Dios es algo poderoso; arrasa la incredulidad y afirma nuestra fe. Conocerlo nos lleva a un punto de no retorno. Si verdaderamente lo conocemos, no volveremos a dudar de Sus promesas, poder y presencia. Por consiguiente, cuando vemos a un cristiano lleno del poder de Dios, que no duda, sino que está lleno de fe, sabemos que tiene relación íntima con el Padre por medio de la oración. Si bien la oración corporativa es poderosa, ésta no puede existir si no está basada en la oración personal, donde cada uno recibe la revelación y el conocimiento de Dios de manera individual. Jesús recibió revelación del Padre a través de la oración, y antes de llevarla a Sus discípulos y al pueblo, pasaba horas en intimidad con Dios. *"Mas él se apartaba a lugares desiertos, y oraba"* (Lucas 5:16). Cuando Sus discípulos vieron esto, le pidieron que les enseñara a orar (vea Lucas 11:1).

El motivo supremo de nuestra oración es conocer a Dios. Todo lo demás viene como consecuencia de ese conocimiento.

El propósito de la oración

Muchos cristianos no oran porque no conocen el propósito de la oración. No le encuentran sentido, por eso piensan que es una actividad sin objetivos claros. Pero si conocemos el propósito de Dios al establecer la oración como condición para tener relación con Él, podemos perseverar en ella. Orar nos llevará a conocerlo, prosperar en la verdad y romper los límites a los cuales la duda nos mantiene atados. Los principales propósitos de la oración son:

Conocer a Dios

El cristiano promedio considera que orar es tomar unos minutos para agradecer a Dios y presentarle nuestras necesidades personales; a lo sumo, pedirle por otras personas. Aunque orar por los demás y ser agradecido está bien, ese no es el verdadero propósito de la oración. Dios diseñó la oración para permitirnos entrar en un ámbito de relación y conocimiento íntimo con Él; por eso no puede ser mecánica. No es producto de una fórmula ni es regida por una serie de leyes o reglas; tampoco es una serie de vanas repeticiones. La oración tiene vida por sí misma. Progresa, avanza y se profundiza. Produce una relación genuina con el Dios viviente. El rey David oraba a Dios, diciendo: *"Tu siervo soy yo, dame entendimiento para conocer tus testimonios"* (Salmos 119:125). Y cantaba diciendo: *"Dios, Dios mío eres tú; de madrugada te buscaré; mi alma tiene sed de ti, mi carne te anhela, en tierra seca y árida donde no hay aguas, para ver tu poder y tu gloria, así como te he mirado en el santuario"* (Salmo 63:1-2).

Sin la relación o el conocimiento de Dios, la oración se convierte en una cadena de vanas repeticiones, palabras que no pasan del techo, que pierden su significado porque están fuera de su alcance. Dios no responde oraciones carentes de relación. Es por eso que vemos tanta gente que ora, pero no consigue que Dios responda sus peticiones. No saben que el propósito de orar no es pedir, sino conocer a Dios. Por eso a la gente no le gusta orar, porque no tienen una relación con Dios ni lo conocen. Sin relación no hay oración posible, mucho menos un vínculo fuerte que perdure en el tiempo. De hecho, por experiencia personal, me ha resultado difícil orar cuando mi relación con Dios ha estado rota.

> El punto donde está nuestra vida de oración es el mismo punto donde se encuentra nuestra relación con Dios.

Un hecho que podemos comprobar fácilmente es que, cada vez que entramos en oración y nos encontramos con el Padre, somos empoderados. En ese lugar secreto, el Espíritu de Dios nos llena con el mismo poder que levantó a Jesús de entre los muertos. Cuanto más conocemos a Dios, más cosas se hacen posibles; encontramos menos límites para traer lo sobrenatural a la tierra. Por eso, no debemos preocuparnos tanto por pedir lo que necesitamos, sino por conocer a Dios, Su poder y Sus promesas. Si nos prometió algo, Él tiene el poder para cumplir; si en verdad lo conocemos, no cabe duda que lo hará. Por ejemplo, Él nos promete que seremos sanados de toda enfermedad por la sangre de Jesucristo; pero no podemos caminar en sanidad mientras no lo conozcamos como sanador ni tengamos revelación de la obra completa realizada por Jesús en la cruz.

> Conocer a Dios nos lleva a realizar actos de fe, porque la oración es el lugar donde los hijos de Dios somos empoderados.

Oro para que usted pueda realizar actos de fe como producto de su conocimiento de Dios. Oro para que los espíritus de sabiduría y revelación sean desatados sobre su vida y pueda experimentar a Dios y avanzar en Su verdad. Yo declaro que las personas que lean estas palabras conquistarán nuevos territorios en el conocimiento de Dios. Sus dudas desaparecerán, y realizarán actos de fe en las áreas donde antes no podían creer porque no conocían a Dios lo suficiente. Desde el lugar del conocimiento de Dios, Él responderá todas sus oraciones. ¡Las respuestas se acelerarán!

Afirmar la existencia de Dios

El origen de la oración es Dios. Si Él no existiera, ¿a quién oraríamos? Cuando oramos, afirmamos que Dios es real, que existe y que creemos en Él. La Escritura dice que *"sin fe es imposible agradar a Dios; porque es necesario que el que se acerca a Dios crea que le hay, y que es galardonador de los que le buscan"* (Hebreos 11:6).

> El propósito de la oración es afirmar la existencia de Dios para ser llenos de fe.

Dar un giro a las cosas en el Espíritu

Cuando el médico dice que la enfermedad es terminal, el embarazo es imposible, cuando el banco dice que la casa está perdida y la bancarrota es inminente, cuando estamos al borde del divorcio, cuando tenemos un hijo adicto a las drogas o en la delincuencia, entonces la oración está ahí para marcar la diferencia. Ella le da a Dios el derecho de obrar en nuestra crisis o situación imposible. La oración abre los cielos, cambia la atmósfera y le da permiso al Espíritu Santo para obrar milagros y ganar las batallas que el enemigo trae a nuestra vida.

> Conocer a Dios en oración nos lleva a ganar las batallas de la vida.

Cuando oramos, todo lo que estaba en contra nuestra se vuelve a nuestro favor. La oración alinea todo para la victoria. La oración derrota a las huestes del mal que habitan en las regiones celestes, y abre los cielos. *"Todo lo que atares en la tierra será atado en los cielos; y todo lo que desatares en la tierra será desatado en los cielos"* (Mateo 16:19). Por eso, Pablo alentaba a los efesios diciendo: *"Por lo demás, hermanos míos, fortaleceos en el Señor, y en el poder de su fuerza. Vestíos de toda la armadura de Dios, para que podáis estar firmes contra las asechanzas del diablo. Porque no tenemos lucha contra sangre y carne, sino contra principados, contra potestades, contra los gobernadores de las tinieblas de este siglo, contra huestes espirituales de maldad en las regiones celestes"* (Efesios 6:10-12).

Cambiar la atmósfera espiritual

Una parte sustancial de la oración es la adoración. Adorar es reverenciar y honrar a Dios; es algo que le damos a Dios que expresa la gratitud de nuestro corazón por quién es Él. La adoración atrae la presencia de Dios y tiene el poder de cambiar la atmósfera del lugar donde nos encontramos, ya sea el hogar, la iglesia, el trabajo, los negocios, la escuela, la universidad, etc. En esa atmósfera de la presencia del Padre, ¡todo es posible! Esa atmósfera tiene el poder de traer rompimiento a todas las áreas de nuestras vidas y hace posible lo que es imposible para el hombre. Debemos empezar por enseñar a los creyentes a orar, hasta que la oración se convierta en un estilo de vida. Cuando la atmósfera de una iglesia, una casa o una ciudad cambia, los milagros comienzan a suceder.

En mi vida he visto ocurrir muchos milagros, pero sé que ninguno tuvo que ver conmigo, sino con mi vida de oración. Dios me ha usado para manifestar Sus milagros porque tengo una relación personal e íntima con Él, a diario. Esa relación cambia la atmósfera de cualquier lugar al que voy. Por lo tanto, si usted necesita un milagro o quiere ser usado por Dios para obrar milagros, la clave es acercarse a Él y perseguirlo. Cuando lo haga, los milagros lo seguirán a usted por donde quiera que vaya.

Cada milagro que recibimos viene a través de la oración.

Elevarnos por encima de nuestra realidad

En medio de los problemas, circunstancias, enfermedades y temores, necesitamos saber qué es la oración y cómo activarla, porque es lo único que nos hace ver las cosas como Dios las ve, desde arriba y desde una posición de fe y poder en el ámbito espiritual. Dios no solo envió a Jesús para salvarnos, sino *que "juntamente con él nos resucitó, y asimismo nos hizo sentar en los lugares celestiales con Cristo Jesús"* (Efesios 2:6). Aquí debo hacer una pausa para explicar que la realidad es diferente de la verdad. Los problemas existen y son reales, pero Dios es la verdad y está por encima de la realidad. Lo real es temporal, pero la verdad es eterna. Por eso, cuando oramos, todo problema pierde fuerza o disminuye su poder sobre nosotros, porque el Espíritu de Dios nos eleva por encima de la realidad —que puede llamarse enfermedad, pobreza, pérdida, dolor, etc.— a una atmósfera donde la verdad de Dios reina; donde hay sanidad, provisión, consuelo y paz; y donde todo es posible. No se trata de negar la realidad, sino de elevarse por encima de ella y cambiarla con el poder sobrenatural de Dios.

Nadie puede levantarse por encima del nivel de su vida de oración.

Si queremos lograr un rompimiento en cualquier área de la vida, vayamos a nuestro lugar secreto y oremos. Una relación íntima con Dios trae más rompimientos que toda una vida de arduo trabajo. El rompimiento que hemos estado esperando por años puede suceder en un instante si, en lugar de luchar, nos dedicamos a construir una relación con Dios.

Llevarnos a victorias continuas

Esta generación no sabe cómo orar, por eso las tinieblas son tan espesas sobre la tierra y en muchas iglesias no se ve el poder de Dios en acción. Desafortunadamente, esto no nos sorprende, si tenemos en cuenta el número de creyentes que no oran. Si oramos de vez en cuando, tendremos victorias ocasionales; pero si oramos continuamente, nuestra relación con Dios irá en constante incremento. Viviremos de victoria en victoria sobre todo ataque que el enemigo quiera traer a nuestra vida. *"La oración eficaz del justo puede mucho"* (Santiago 5:16).

Yo siempre vivo en oración. Ese es el motor detrás de mí, de mi ministerio y de todos los milagros que ocurren en nuestra sede principal en Miami y cuando vamos a las naciones. No hay evento, conferencia o prédica para la que no me prepare en oración. Me sumerjo en Su presencia, adorando, ayunando, pidiéndole a Dios que se revele, que me empodere, que cambie la atmósfera y mucho más. Cuando veo los milagros, las personas salvadas, los enfermos sanados, los cautivos liberados, veo el fruto de esas horas de ayuno y oración en la presencia de Dios. Sigo el ejemplo de Jesús, porque eso es lo que Él hizo.

Conclusión

Si queremos ver a Dios manifestarse en nuestras generaciones, tenemos que pagar el precio de entregarnos a una vida de oración, donde nuestra prioridad sea conocer al Padre. Eso es lo que implica una relación genuina con Dios. No se trata de decir muchas palabras sino de tener un corazón dedicado a conocerlo diariamente en los diferentes aspectos de Su personalidad. No podemos pretender conocer al Dios infinito y todopoderoso con un par de minutos de oración a la semana. Él es la verdad absoluta, eterna e infinita; por lo tanto, conocerlo es una experiencia progresiva. Este es el verdadero propósito de la oración. Allí podemos progresar en Su verdad; elevarnos por encima de la realidad del pecado, enfermedad y pobreza; cambiar la atmósfera de cada hogar, de la iglesia y de la tierra; y ver lo sobrenatural de Dios sobre nuestras vidas. Una de las condiciones fundamentales para tener esta relación con el Padre es la obediencia absoluta a Su voluntad, que surge de la necesidad de agradarlo siempre.

Oraciones contestadas

A continuación, conoceremos dos casos de personas que desarrollaron una relación personal, íntima y progresiva con Dios, lo cual cambió su vida, familia y ministerio. Gracias a esa relación de oración con el Padre, hubo un antes y un después en sus vidas.

> "Soy el pastor Konstantin Zotof, de Rusia. Llevo cinco años bajo la cobertura espiritual del Ministerio El Rey

Jesús. Antes, nuestra iglesia era muy diferente, pero desde que comenzamos a buscar a Dios, todo cambió a lo sobrenatural. La intimidad con Él me movió, como líder, a una nueva dimensión, a un nivel más profundo de búsqueda de Su presencia, y comencé a experimentar la llenura del Espíritu Santo. Ahora mantenemos una poderosa atmósfera de adoración y oración en la iglesia. Hemos aprendido que la relación con Dios está siempre en desarrollo y debe seguir alcanzando niveles más profundos. Todo comenzó a partir de los encuentros con Dios que tuvimos aquí en el Ministerio El Rey Jesús. A partir de eso, Dios comenzó a manifestarse y a moverse más fuerte que nunca. Nos llevó a una nueva dimensión como familia y como iglesia. Hemos experimentado más milagros asombrosos. Incluso durante la pandemia, pudimos ver la mano de Dios moviéndose con poder a nuestro favor. El apóstol Maldonado dijo que aquellos bajo el manto de esta casa no sufriríamos, sino que veríamos la mano de Dios durante esta tribulación mundial. Y hemos visto la protección de Dios. Cuando todo a nuestro alrededor estaba paralizado y en crisis, vimos una multiplicación de almas y de nuestras finanzas. De hecho, el crecimiento fue tan grande que tuvimos que buscar un lugar más grande que pudiera recibir a toda la gente nueva. ¡Hoy en día, hemos podido comprar dos edificios, sin incurrir en deuda, y ya no necesitamos alquilar más espacio! ¡Dios nos dio el crecimiento y todo lo que necesitábamos para abarcarlo y no perderlo! Estamos viendo muchos milagros por el fuego del Espíritu, que ha encendido el ministerio. Buscamos a Dios, sabiendo que Él se moverá a nuestro favor. Él nos ha provisto todo a través de nuestra relación con Él y ha incrementado el número de milagros, señales y maravillas.

Cuando llamamos a la gente al arrepentimiento y la salvación, Dios hace algo nuevo. Hemos visto a muchas personas venir a Sus pies. Al principio, tuvimos cierta oposición de otros ministerios que no creen en milagros ni en lo sobrenatural y rechazan el ministerio quíntuple. Sin embargo, Dios está haciendo algo en Rusia, levantando una nueva generación de ministros que reconocen lo sobrenatural y el poder de una relación fundamental con Dios. Hemos visto a Dios activarnos y avivar el fuego, la pasión y el poder sobrenatural. ¡Toda la gloria sea para el Padre!"

• • • • • • • • •

"Mi nombre es Etelvina Calel. Vivo en la ciudad de Miami, Florida, EE. UU. Siempre he creído en el poder de tener una relación con Dios. Por eso, a través de los años he cultivado una relación íntima con Él. Gracias a ello he podido ver cómo Dios se ha manifestado en nuestras vidas con poder. Estando embarazada, a las veinte semanas se me rompió la fuente. Mi bebé se quedó sin líquido amniótico, así que tuvieron que llevarme de urgencia al hospital. Cuando me examinaron, el diagnóstico fue devastador. El cirujano me dijo: 'Lo siento, pero voy a traer al mundo una bebé muerta. Realmente, tiene cero por ciento de probabilidades de que sobreviva. Solo vamos a sacarla, mostrársela, y eso es todo'. No nos rendimos ante ese diagnóstico. Mi esposo llamó a la iglesia y a nuestra red. Nuestros hermanos en la fe comenzaron a orar por mi bebé y por mí, declarando que ella viviría, en el nombre de Jesús. Yo también clamé por mi hija. Muchas veces Dios se me había revelado en la intimidad y había podido ver Su gloria manifestarse en medio de todo. Sabía que Él estaba conmigo y que no dejaría morir a mi hija. Mientras los médicos decidían si operarme o esperar, comencé a orar. Le dije: 'Padre, amo a esta bebé. Ella es un regalo que Tú me has dado, Señor'. Entonces, los médicos decidieron esperar. Me llevaron a una habitación y me dejaron allí, mientras monitoreaban mi progreso. Estuve en el hospital siete semanas. Durante ese tiempo, no hice más que orar y creer que Dios haría la obra. Le pedí a mi esposo que me trajera un libro del Apóstol Maldonado para leer. Me llevó un libro que tenía el testimonio de una madre embarazada que había pasado por algo similar, y Dios había obrado en ella. Eso aumentó mi fe para creer que lo mismo sucedería con mi bebé. Un día, uno de los médicos se me acercó y me dijo: '¿Y tú? Tu bebé aún no ha venido, ¿verdad?' Al día siguiente, otro médico vino a mí y me dijo: 'No sé qué está pasando, pero tienes líquido'. Dijo: 'En este momento tienes de 1 a 1.5 litros de líquido. ¡Vas a tener a tu bebé!' ¡Fue Dios! ¡Sé que fue Dios! Él puso ese líquido sobrenaturalmente, porque no me habían puesto nada en todos esos días. Esa semana mi fe se disparó. Le dije: '¡Guau, Padre, ¡que increíble es el poder de la oración y la relación contigo!' Recuperé el líquido amniótico de forma sobrenatural. ¡Dios lo puso allí! ¡Dios resucitó y salvó a mi bebé! Nació a las 27 semanas de gestación, por cesárea. Los médicos se sorprendieron porque nació respirando sola siendo tan prematura. Dios la creó perfecta. Tenemos un Dios de milagros que está vivo. ¡Él es un Dios todopoderoso y el dador de vida! ¡El honor y la gloria sean para Él! ¡Todo es posible! Ahora tenemos a nuestra hija completamente sana. Pesa 12 libras, y su nombre es Esther, porque ha sido elegida para un momento como éste. Ella es el producto de mi relación con el Gran Yo Soy.

Hoy en día, ella es una niña sana y fuerte, y el testimonio más notable que tengo del poder de mi relación con Dios. Cuando llegó el momento de pedirle a Dios ese milagro, la puerta estaba abierta, y Su oído estaba atento. ¡Solo teníamos que creer que Él lo haría!"

Activación práctica

- Si siente que su relación con Dios es débil o que la ha perdido al no mantener una vida de oración con el Padre, haga conmigo la siguiente oración: *"Padre Celestial, hoy me arrepiento por no haberle dado prioridad a nuestra relación. Perdóname, dame la gracia para cambiar y renunciar a todo lo que he puesto delante de Ti. Hoy, me comprometo a orar una hora diaria, en el mismo lugar y a la misma hora. Quiero conocerte y escuchar Tu voz. Quiero que mi fe crezca, afirmar Tu existencia, cambiar la atmósfera en mi hogar, elevarme por encima de esta realidad y vivir en victoria. Dame la gracia de conocerte más y más cada día. Gracias por esta nueva oportunidad. ¡En el nombre de Jesús, amén!"*

- Siga escribiendo sus experiencias diarias con Dios. Si ve que está estancado, pídale ayuda al Espíritu Santo.

- Comprométase a orar una hora diaria en su "lugar secreto". Reserve un tiempo especial, siempre a la misma hora y en el mismo lugar.

- Durante esa hora de oración, dedique unos 15 minutos a entrar en la presencia de Dios con acción de gracias y adoración. Use música ungida que le lleve a la presencia de Dios.

- Tome otros 30 minutos para leer las Escrituras, orar por el evangelismo y por ganar nuevas alma; por su pastor, las autoridades de su país, sus finanzas, sus relaciones en el hogar, la iglesia y el trabajo.

- Finalmente, tome los 15 minutos restantes para presentar sus necesidades personales, declarando que todas son suplidas. Use ese tiempo para darle toda la gloria a Dios, reafirmando su fe y asumiendo la absoluta confianza de que Él suplirá todas sus necesidades. Él obrará los milagros que necesita, en sus finanzas, salud, relaciones, etcétera.

Resumen del capítulo

- Su fe comienza cuando hace un pacto con Jesús, y se desarrolla a través de una relación eterna, que es personal, siempre presente, viva y progresiva.

- Tener una relación con Dios es conocer a Aquel en quien hemos creído. Conocerlo no tiene fin; nada ni nadie puede contenerlo. Solo podemos conocer ciertos aspectos de Él y experimentarlo en nuestro espíritu y en nuestra vida diaria.

- Conocer a Dios y tener una relación con el Padre implica obediencia absoluta. Aquí, la obediencia no es opcional sino condicional.

- Cuando conocemos a Dios, deseamos agradarle y servirle. Toda relación da fruto en el servicio mutuo.

- Conocemos a Dios a través de la oración. Esto implica establecer un lugar de comunión con Él.
- Conocer a Dios desbloquea la fe, nos empodera, y elimina toda duda. El conocimiento es la ausencia de duda.
- Conocer a Dios es conocer la verdad absoluta, progresivamente, a través de una relación con Él.
- El propósito de la oración es conocer a Dios, afirmar Su existencia, dar un giro a las cosas en el Espíritu, cambiar la atmósfera espiritual, elevarnos por encima de la realidad y llevarnos a victorias continuas.

La motivación suprema de nuestra oración es conocer a Dios, todo lo demás es consecuencia de ese conocimiento.

Nota

1. Centro de Investigación Pew, "Creencia en Dios entre los cristianos según su frecuencia de oración", Estudio del panorama religioso, https://www.pewforum.org/religious-landscape-study/christians/christian/frequency-of-prayer/#beliefs-and-practices.

Capítulo 3

La vida de oración de Jesús

A lo largo de la Escritura vemos cómo los profetas y los hombres más notables de la antigüedad conocieron a Dios. Abraham lo conoció mientras ofrecía en sacrificio a su único hijo, el que Dios le había prometido. Moisés lo conoció cara a cara en medio de una zarza que ardía en fuego y no se consumía. David conoció a Dios adorándolo a solas, mientras pastoreaba las ovejas de su padre. En el Nuevo Testamento, vemos a Jesús confirmando su identidad como Hijo de Dios a través de la oración; fue así como recibió la revelación de que Dios era su Padre. Por eso, cuando Felipe, Su discípulo, le pidió que les mostrara al Padre, Su respuesta fue: *"¿No crees que yo soy en el Padre, y el Padre en mí? Las palabras que yo os hablo, no las hablo por mi propia cuenta, sino que el Padre que mora en mí, él hace las obras"* (Juan 14:10).

Hacernos uno con el Padre por medio de la oración nos lleva a hacer las obras de Dios.

Jesús llamó a Dios "Padre" porque tenía una relación muy íntima con Él. Dios mismo le había llamado "Hijo" cuando se le reveló en Su bautismo. *"Y vino una voz de los cielos que decía: Tú eres mi Hijo amado; en ti tengo complacencia"* (Marcos 1:11). Nosotros también podemos llamar "Padre" a Dios si hemos recibido esa revelación. Es decir, si Él nos ha llamado "hijos" en esa relación íntima que ocurre en el "lugar secreto" de oración. Como mencioné antes, esto es lo que distingue al cristianismo de las religiones del mundo, pues exige una relación personal con su fundador. Por eso los incrédulos no le pueden llamar Padre; porque ellos no lo conocen ni Él los reconoce. Su relación con el Padre permanece rota desde que Adán arrastró a la humanidad al pecado.

Una persona que no ora demuestra que su relación con Dios está rota.

Jesús y la oración

Cuando Jesús vino a la tierra, no enseñó una teología doctrinal sino relacional. Él nos modeló una vida de relación continua con el Padre, de la cual dependían el resto de Sus relaciones. Al respecto, Jesús les dijo a sus discípulos: *"Ya no os llamaré siervos, porque el siervo no sabe lo que hace su señor; pero os he llamado amigos, porque todas las cosas que oí de mi Padre, os las he dado a conocer"* (Juan 15:15). Él hablaba desde una posición de total confianza, como alguien que conocía íntimamente al Padre.

El cristianismo es la teología relacional que Jesús nos enseñó.

Sabemos que Jesús conocía a Dios porque lo llamó "Padre" y les enseñó a Sus discípulos a buscar en oración a Dios el "Padre": *"Vosotros, pues, oraréis así: Padre nuestro que estás en los cielos, santificado sea tu nombre"* (Mateo 6:9). La palabra "Padre" es la traducción del original hebreo *abba* y significa "fuente de vida ilimitada". Cuando decimos que Dios es nuestro Padre, estamos expresando que Él es nuestra fuente original de vida y que en Él hallamos recursos ilimitados. Si observamos la oración del "Padre nuestro", veremos que Jesús no usa la palabra "Dios" sino "Padre", porque eso era Dios para Él en la tierra. Al igual que Jesús, podemos decir que Dios es nuestra fuente de vida, y todo lo que necesitamos es posible, siempre que tengamos la revelación de que Él es nuestro "Padre" y que nosotros somos Sus hijos.

Lo más cerca que Jesús pudo estar del Padre, como hombre, fue en oración.

Jesús oraba porque estaba viviendo en una dimensión que había cambiado a causa de la caída del hombre, y donde Él no era Dios, sino un hombre más. El Espíritu de Dios no habitaba en la tierra como había estado en el Edén. A menudo me pregunto, ¿cómo habrá sido para Jesús conocer la eternidad, ser la eternidad, y de pronto poner pausa a esa dimensión para entrar en otra llena de pecado, oscuridad, enfermedad, muerte y limitaciones? Jesús tuvo que despojarse de Su investidura y dejar de ser Dios, Rey y Señor. La atmósfera más cercana con la del lugar de donde venía la encontró en la oración. Es en la oración donde se activa la atmósfera de la dimensión celestial, se disipan las tinieblas y reina la verdad suprema.

Para entender la pasión de Jesús por la oración, debemos conocerlo en Su humanidad. Recordemos que Jesús *"En el principio era el Verbo, y el Verbo era con Dios, y el Verbo era Dios"* (Juan 1:1). Sin embargo, en la tierra, Él era un hombre con la misma vulnerabilidad que cualquier otro. Tenía un cuerpo mortal y emociones; se cansaba, tenía hambre y sed. Pero cuando salía de Su lugar de oración, *"toda la gente procuraba tocarle, porque poder salía de él y sanaba a todos"* (Lucas 6:19). Su vida y ministerio dependían totalmente de Su relación con el Padre a través de la oración. Cuando Jesús terminaba de orar, salía empoderado para hacer en la tierra lo que el Padre estaba haciendo en el cielo. Él lo reconoció cuando dijo: *"De cierto, de cierto os digo: No puede el Hijo hacer nada por sí mismo, sino lo que ve hacer al Padre; porque todo lo que el Padre hace, también lo hace el Hijo igualmente"* (Juan 5:19). ¿Dónde veía Jesús lo que el Padre estaba haciendo? En oración. En Su divinidad, Jesús jamás hubiera dicho esto, pero como hombre, sabía que era imposible hacer algo sobrenatural sin el Padre. Él lo reconoció una y otra vez: *"No puedo yo hacer nada por mí mismo; según oigo, así juzgo; y mi juicio es justo, porque no busco mi voluntad, sino la voluntad del que me envió, la del Padre"* (Juan 5:30).

Nuestra relación con Dios en la oración nos lleva a darnos cuenta de que sin el Padre, no somos nada. Esta es la revelación más significativa para un cristiano. Por eso, Jesús se aseguró de que entendiéramos que debíamos permanecer en Él, cuando dijo, *"Yo soy la vid, vosotros los pámpanos; el que permanece en mí, y yo en él, éste lleva mucho fruto; porque separados de mí nada podéis hacer"* (Juan 15:5). Necesitamos estar conectados a la vid porque el fluir de una vida nueva está en esa relación con Jesús, a través de la oración. Una vez apartados de la vid, nos secamos y solo podemos esperar la muerte.

Jesús es el modelo para conocer a Dios a través de la oración.

Al igual que Cristo, yo puedo decir que nada soy sin el Padre. Nada puedo hacer sin Su gracia sobre mí. Esta es una revelación en mi espíritu; nadie tiene que darme lecciones sobre eso ni recordármelo. El Espíritu Santo me lo revela a través de la oración diaria, como lo hizo con Jesús. Por eso cada mañana me despierto con la intención de buscar Su rostro y estrechar esa relación a través de la oración. Sé que, sin Su poder, no puedo funcionar un día, ni siquiera una hora. Hoy puedo decir que, por Su gracia, Dios me ha usado para impactar naciones, hacer milagros, salvar millones de almas, levantar muertos y mucho más. Pero también sé, y siempre he sabido, que no es por mi capacidad, sino por la relación que mantengo con Él. Hago todo lo que Él me muestra en oración. Es allí donde Dios me empodera. Su presencia cambia la atmósfera de mi vida, donde quiera que vaya. Soy empoderado en oración tal como Jesús lo fue. Solo sigo Su ejemplo. Soy lo que soy por la gracia de Dios. Pablo, el apóstol de Cristo a los gentiles también lo entendió así. *"Pero por la gracia de Dios soy lo que soy; y su gracia no ha sido en vano para conmigo, antes he trabajado más que todos ellos; pero no yo, sino la gracia de Dios conmigo"* (1 Corintios 15:10).

¿Tiene usted la revelación que Jesús tenía? ¿Que nada era sin el Padre, y nada podía hacer sin Él? Si Jesús como hombre dijo esto, nosotros tampoco podemos hacer mucho. Aprendamos a vivir en el espíritu de oración para no andar a ciegas, pensando que podemos hacer algo bueno en nuestras propias fuerzas. Vivir en oración no solo implica una práctica verbal; vivir en oración es una actitud o un espíritu. A veces no estoy hablando, pero mi espíritu está en oración. Vivo en esa actitud constante. Hablo con el Padre todo el tiempo. De hecho, esta es una temporada en la que he pasado por situaciones muy difíciles. He sido perseguido, acusado falsamente, criticado, traicionado por muchas personas y abandonado por otras. Sin embargo, la presencia de Dios me ha sostenido y sigue haciéndolo a través de mi relación con el Padre, en oración constante. ¡Estoy tan agradecido con mi Señor porque todavía estoy en pie! No dejo de buscar Su rostro cada día, porque sé que Él es el único que me sostiene.

El silencio es una forma de lenguaje ante Dios que solo Él entiende.

La búsqueda evidencia nuestro deseo por Dios

Dios casi siempre inicia la relación con el hombre, pero es el hombre quien debe perseguir a Dios y buscar desarrollar esa relación. La vida de Jesús nos enseña que Su relación con el Padre era de continua búsqueda; es algo que se persigue, se anhela y se atesora. A veces, lo que nos lleva a buscar a Dios es la falta de Su presencia; es entonces cuando entendemos que no podemos vivir sin Él. Muchas personas dicen que desean la presencia de Dios e incluso cantan el salmo de David, *"Una cosa he demandado a Jehová, esta buscaré; que esté yo en la casa de Jehová todos los días de mi vida, para contemplar la hermosura de Jehová, y para inquirir en su templo"* (Salmos 27:4). Pero ¿cómo sabemos que ese deseo es genuino? Cuando pasamos a la acción; cuando buscamos Su presencia de manera continua a lo largo del tiempo; cuando ya no vivimos en tiempos de angustia o de tribulación; es ahí cuando nuestro deseo se hace creíble.

Jesús buscaba al Padre incansablemente. El Padre había iniciado esa relación con Él desde que era un bebé (vea Lucas 2). Un claro ejemplo de esto ocurrió cuando Jesús fue bautizado y el Padre, desde el cielo, lo afirmó diciendo: *"Tú eres mi Hijo amado; en ti tengo complacencia"* (Lucas 3:22). Jesús sabía que Su punto de encuentro e intimidad con el Padre era la oración en ese "lugar secreto" del que luego les enseñó a Sus discípulos; por eso pasaba tanto tiempo en oración. Durante Su bautismo, Jesús oró (vea Lucas 3:21). Antes de elegir a Sus discípulos, Jesús oró (vea Lucas 6:12-13). Por las mañanas, Jesús oraba (vea Marcos 1:35-36). Después de ministrar al pueblo, *"Él se apartaba a lugares desiertos, y oraba"* (Lucas 5:16). Al alimentar a la multitud, Jesús oró (vea Juan 6:11). La noche que caminó sobre las aguas, venía de orar (vea Mateo 14:23-25). En la última cena con Sus discípulos, Jesús oró (vea Mateo 26:26). Antes de ser hecho prisionero, Él estaba orando (vea Lucas 9:28-29). En la cruz, Jesús oró (vea Lucas 23:34). ¡Y tantas veces más, y de tan distintas maneras! Jesús oraba en voz alta, en voz baja, clamando, en silencio, en adoración, en ruego, conversando. Hoy, según un estudio del Grupo Barna, las cosas han cambiado mucho: el 94 por ciento de los cristianos dice haber orado al menos una vez en los últimos tres meses, el 82 por ciento de los adultos que oran tienden a hacerlo en silencio y a solas, el 13 por ciento ora en voz alta, solo el 2 por ciento ora en voz alta con otra persona o grupo, y el 2 por ciento ora colectivamente en una iglesia.[1]

La credibilidad de un deseo se evidencia en la búsqueda.

Un forma muy práctica de ilustrar un deseo genuino por la búsqueda, es lo que ocurre cuando un hombre enamora a una mujer. La prueba de su amor o interés es la manera en que la busca y trata de conquistarla, con actos de amor y servicio. El hombre va tras ella, trata de estar donde ella está, de hacerla sentir importante, bella, especial y única. Si decimos que deseamos una relación íntima con Dios, la pregunta es, ¿dónde está la evidencia? ¿Busca a Dios cada mañana? ¿Le demuestra lo importante, especial y único que Él es para usted? ¿Se levanta cada mañana a orar? En fin, ¿dónde está la evidencia de su deseo?

Oración, pacto y sacrificio

La manera de demostrar nuestro deseo de establecer una relación con Dios es a través de un pacto de sacrificio. Dios nunca entrará en una relación sin pacto. En una relación, necesitamos entender el valor y el poder del pacto. La palabra *pacto* no se refiere a "asociarse" sino a "unirse" por medio de sangre. Dios le da prioridad a lo que está "unido", no "asociado". Muchas personas prefieren la asociación para obtener los beneficios de una relación sin el sacrificio que demanda el pacto. Pero eso solo puede durar un tiempo. A la larga, Dios siempre exigirá un sacrificio genuino y personal dentro de una relación verdadera, porque Él nunca establece una relación con extraños. Él ofrece y exige una relación de pacto. En términos modernos, lo llamaríamos un "compromiso", que es una consagración y dedicación total a Él, que nace en medio de la oración.

Hay una sola manera de hacerse uno con Dios, y es por medio del pacto.

En los países occidentales, las relaciones tienden a ser superficiales, porque no entendemos el verdadero significado de pacto ni de sacrificio; solo pensamos en la autosatisfacción y el beneficio personal. La relación de pacto exige darlo todo. Es el intercambio de vidas entre dos personas para convertirse en una, la unión de corazones y una inversión mutua de tiempo y sacrificio. Este es el tipo de relación que Dios ofrece y demanda.

> En el pacto, llegamos a conocer muy bien a la otra persona, por eso Dios exige relaciones de pacto.

Un ejemplo bíblico puede encontrarse en la vida de Abram (posteriormente Abraham), un hombre de origen idólatra (vea Nehemías 9:7). Abram nunca hubiera conocido a Dios en la intimidad quedándose en Ur de los caldeos, un pueblo netamente idólatra. Por eso, Dios tuvo que sacarlo de ese lugar y revelársele a fin de establecer una relación. Cuando Abram respondió, saliendo de su casa, dejando a su familia y a su parentela, para seguir a Dios y buscar Su presencia, entonces pudo unirse a Él en una relación de pacto (renunciando a todos los dioses de su padre y de su pueblo). Así llegó el momento en la relación entre Dios y Abram donde Jehová *"lo llevó fuera* [de su tienda], *y le dijo: Mira ahora los cielos, y cuenta las estrellas, si las puedes contar. Y le dijo: Así será tu descendencia. Y creyó a Jehová, y le fue contado por justicia. Y le dijo: Yo soy Jehová, que te saqué de Ur de los caldeos, para darte a heredar esta tierra"* (Génesis 15:5-7).

> Cuando Dios llama a un hombre, siempre lo saca de su ambiente.

Abraham llegó a conocer a Dios a través de un pacto de sacrificio (vea Salmo 50:5). Una vez que recibió la revelación, comenzó a buscar a Dios para entrar en una relación de pacto con sacrificio. La prueba de ese pacto llegó cuando Dios le pidió que sacrificara al único hijo que le había dado (vea Génesis 22:2). Abraham no dudó, porque ya sabía quién era Dios, gracias a la relación personal e íntima que habían establecido. Él sabía que un pacto siempre demandaba sacrificio. Este término proviene del hebreo *korban*, y se traduce como "sacrificio ofrecido (o por ofrecer) a Dios" (vea Marcos 7:11). El sacrificio de Abraham atrajo a Dios y le llevó a decir *"Por mí mismo he jurado... que por cuanto has hecho esto, y no me has rehusado tu hijo, tu único hijo; de cierto te bendeciré, y multiplicaré tu descendencia como las estrellas del cielo y como la arena que está a la orilla del mar; y tu descendencia poseerá las puertas de sus enemigos. En tu simiente serán benditas todas las naciones de la tierra, por cuanto obedeciste a mi voz"* (Génesis 22:16-18).

La historia de Abraham e Isaac es el reflejo de lo que sucedería con Cristo. Jesús también demostró Su pacto con el Padre por medio del sacrificio, cuando entregó Su vida en la cruz por todos nosotros. Como hombre, Jesús vivió y murió en una relación de pacto con Dios. De hecho, mientras entregaba Su vida en la cruz, Sus últimas palabras fueron dirigidas al Padre, pidiéndole que perdonara a quienes lo crucificaron (vea Lucas 23:34); clamando Su presencia (vea Mateo 27:46); y finalmente entregando Su espíritu (vea Lucas 23:46) en oración, pacto y sacrificio.

La aparición de Cristo

La relación de pacto entre Jesús y el Padre alcanzó su punto máximo cuando el Hijo de Dios entregó Su vida en la cruz, soportando un sufrimiento indecible; Él murió y resucitó al tercer día y fue levantado al cielo en gloria y majestad. Pero al igual que Abraham cuando ofreció a Isaac, la historia no termina ahí. El pacto entre Jesús y el Padre implicaba que, a través del sacrificio de Jesús, toda la humanidad sería salvada del yugo del pecado y, luego de las generaciones que Dios establecería, Jesús volvería para levantar al remanente de creyentes que mantiene una relación de pacto con Él a través de la oración. Esto es lo que la Biblia llama el "rapto" o la "aparición de Cristo" (vea 1 Tesalonicenses 4:17; 1 Timoteo 6:14; 2 Timoteo 1:10).

El requisito más importante para que la novia se vaya con el novio es que tenga relación de intimidad con Dios.

No todos los creyentes son la novia de Cristo, aunque solo el tiempo mostrará la distinción entre quiénes son y quiénes no. Si cree que Jesús viene, éste es el momento de orar, fortalecer y profundizar cada vez más esa relación, mantener sus pactos y ofrecer más sacrificios. ¡Debe estar preparado para irse con Él! No se deje engañar; alguien puede ir a la iglesia, orar, danzar, gritar, ofrendar, y no tener intimidad con Dios. En ese caso, no tendrá posibilidades de irse con Él. Al respecto, Jesús les dijo a Sus discípulos, *"Muchos me dirán en aquel día: Señor, Señor, ¿no profetizamos en tu nombre, y en tu nombre echamos fuera demonios, y en tu nombre hicimos muchos milagros? Y entonces les declararé: Nunca os conocí; apartaos de mí, hacedores de maldad!"* (Mateo 7:22-23). Con la expresión "Nunca os conocí", Él estaba dando a entender que nunca tuvo intimidad o una relación cercana con ellos. Esas personas no se irán con Cristo en el rapto, porque no tienen una relación de pacto con Jesús.

Los milagros, las señales y las maravillas no nos califican para ser la novia; lo que nos califica es la intimidad; que conozcamos a Dios y que Él nos conozca. Incluso, las señales y las maravillas *fuera* de la intimidad con Dios no nos califican, porque nunca fueron un requisito para ir al cielo. Sí son una señal de aprobación para desarrollar el ministerio en la tierra, pero no garantizan que nos iremos con Cristo. Si queremos irnos en el rapto con el Señor Jesucristo, debemos comenzar por comprometernos a tener relación íntima con Dios, que involucre pacto y sacrificio, y hacer que esa relación alcance e influya a nuestros hermanos y a la gente que aún no conoce a Dios. ¡Debemos hacer esto con sentido de urgencia, porque Jesús regresa pronto! Él dijo, *"¡He aquí, vengo pronto! Bienaventurado el que guarda las palabras de la profecía de este libro"* (Apocalipsis 22:7).

Conclusión

Jesús está preparando Su remanente, la novia sin mancha y sin arruga, que se irá con Él a celebrar las bodas del Cordero en el cielo. Él vino a la tierra a pagar con Su sangre el precio de nuestra salvación. Como hombre, estableció una relación de pacto con el Padre, la cual probó con Su vida de oración y con Su sacrificio en la cruz. Él lo hizo todo. Ahora, nos corresponde responder a Su llamado. Jesús nos invita a establecer una relación íntima con el Padre que implique pacto, compromiso e intercambio de vida con Él. ¿Está dispuesto a hacer un pacto con Dios para llegar a ser uno con Él? ¿Está listo para orar una hora al día? Si sus respuestas a estas preguntas son afirmativas, vaya tras Dios y haga un compromiso con Él, ahora mismo.

Muchas personas quieren orar diariamente o quieren orar varias horas, pero al poco tiempo no saben qué más decir. Una investigación de Barna Group muestra que de los estadounidenses que oran regularmente, el 62 por ciento ora dando gracias, el 61 por ciento ora por las necesidades de su familia y su comunidad, el 49 por ciento ora por guía personal en medio de la crisis, el 47 por ciento ora por salud, el 43 por ciento ora por perdón de pecados, el 37 por ciento ora por la paz, y el 24 por ciento ora por su nación y gobierno.[2] Los porcentajes son tan diversos que es evidente que los cristianos necesitan orientación en esa área. En mi caso, oro cada mañana, ofreciendo a Dios las primicias de cada día. Mi prioridad siempre es Él. Anhelo adorarlo y bendecirlo. Al levantarme miro al cielo y le doy gracias por la vida y por Cristo. En mi oración personal, siempre me dirijo al Padre como Su hijo, reconociendo Su paternidad y autoridad sobre mí. Le pido perdón por toda falta y pecado en mi vida, porque no puedo entrar a Su presencia si no estoy limpio. Una vez que la sangre de Cristo me limpia, los canales están abiertos para tener acceso a Su presencia. Empiezo por adorarlo, me visualizo en Su presencia, en intimidad con Él. Pongo mi afecto en Dios, y paso mucho tiempo sin mirar el reloj ni dejar que nada me distraiga. Una vez que he tenido esa intimidad y he derramado mi corazón en Él, y Él en mí, entonces le presento mis necesidades personales. Oro por mis padres e hijos espirituales, por mi familia natural, y luego intercedo por los que sufren. Oro por las situaciones que el Espíritu Santo pone en mi corazón, por las naciones, los gobernantes y la evangelización del mundo. Cuando me doy cuenta, ya han pasado dos o tres horas, porque el tiempo no existe en Su presencia. Entonces, doy gloria al Padre, alabándolo, agradeciéndole por escuchar mis oraciones, sabiendo que el resto del día seré bendecido, que continuaré en Él, y que la atmósfera de Su presencia seguirá cambiando todo a mi alrededor.

Oraciones contestadas

Jesús nos enseñó la manera correcta y apropiada de construir un ministerio, una familia, un liderazgo, una vida. Todo lo que queramos construir de forma duradera y bendecida debe estar fundamentado en nuestra relación personal e íntima con el Padre celestial. Como Él lo hizo, así debemos hacerlo nosotros. Los siguientes son testimonios acerca de cómo seguir el ejemplo de Jesús, que pueden llevarnos al verdadero éxito en el ministerio y en nuestra vida personal.

Los pastores Luis y Wanda Núñez, de Brooklyn, Nueva York, testifican acerca de cómo su vida de oración transformó su ministerio:

> "Soy la pastora Wanda, y con mi esposo, Luis, hemos estado en el ministerio por más de seis años en Brooklyn, Nueva York. El Ministerio el Rey Jesús me ha ayudado a buscar a Dios y conocerlo más. Aquí fui equipada para el evangelismo y descubrí mi llamado profético. Los libros, las enseñanzas y las conferencias me llevaron a tener hambre de Dios, a descubrir más profundamente lo sobrenatural. Gracias a esas enseñanzas, mi relación con Dios cambió mucho; aprendí a declarar y profetizar lo que Dios me mostraba en oración. Eso condujo a la salvación de mi esposo y trajo avivamiento a nuestro ministerio. Antes, mi esposo no era creyente, pero oré por él hasta que Dios hizo la obra. Entonces, le sembré los libros para que recibiera la revelación y fuera equipado a través de una relación con el Padre. Es impactante saber que existe un Ministerio que enseña lo que la Biblia dice, que opera como Jesús lo hacía, que cree en el poder de Dios y del Espíritu Santo. ¡Yo sabía que Dios tenía una asignación para mi vida! Comenzamos haciendo reuniones en nuestra casa y tres años después abrimos nuestra iglesia. Ahora somos parte del Ministerio El Rey Jesús. Hemos podido ver el poder de Dios gracias a que cultivamos esa intimidad con Dios, y puedo testificar cómo mi esposo ha crecido en su propio llamado".

El pastor Luis también testifica:

> "Cuando me convertí al Señor, comencé a leer los libros del apóstol Maldonado y ellos me llevaron a tener hambre por crecer en Dios. Me ayudaron a permanecer conectado y aprender acerca de los procesos en mi vida espiritual. Ver que los milagros comienzan a ocurrir cuando predico bajo el poder de Dios también aumentó mi hambre por Dios. Es como si fluyera agua de mi espíritu. Cada vez que el apóstol escribe un libro nuevo, lo leo de inmediato, porque es como comer directamente de lo que Dios le está hablando a él en su vida personal de intimidad con el Padre".

El apóstol Frank Hechavarria es un amado hijo espiritual que Dios me dio hace más de veinte años. Llegó al ministerio a una edad muy temprana. Desde entonces, ha sido fiel a Dios, a mí y a su familia, gracias a que aprendió a desarrollar una auténtica relación personal con el Padre celestial. A lo largo de los años, esta relación ha dado sus frutos y ha marcado su crecimiento espiritual y personal, dándole una mayor responsabilidad en el ministerio. Hoy, él está cumpliendo su llamado ministerial como apóstol, con todas las pruebas y señales de un auténtico hijo de Dios. En cada crisis y prueba que hemos pasado como ministerio, su relación con el Padre le ha mostrado el camino que debemos seguir para ser parte del remanente que prepara el camino para la segunda venida de Cristo. El siguiente es su testimonio:

> "En mi vida, la oración ocupa un lugar muy importante, pues se trata de tener comunión con el Padre. Desde que llegué al camino del Señor y le entregué mi vida por completo, he podido comprobar, una y otra vez que, mientras nosotros le damos prioridad a nuestras necesidades y expectativas, el Padre solo anhela tener verdadera comunión con nosotros. Es más, si le dijeras al Padre cuánto anhelas el milagro que estás pidiendo, Él te respondería

diciéndote cuánto anhela tener comunión íntima contigo. Esto ocurre porque Él ya sabe que tu milagro está hecho. Solo tienes que enfocarte en Él. El fundamento de mi vida de oración lo aprendí de mi padre espiritual, el apóstol Guillermo Maldonado, a los largo de los años. De mi experiencia puedo decir que la oración no es un ejercicio religioso que practicamos por conveniencia para obtener algo a cambio, sino una relación personal con nuestro Padre celestial. No tiene que ver con objetos, ganancias, peticiones ni repeticiones. Si queremos conocer al Padre debemos orar con el compromiso de desarrollar una relación íntima con Él. Y sí, es cierto, no es algo fácil de lograr; no en nuestras fuerzas. Pero, puede tener la seguridad de que aun cuando fallamos, Él siempre está listo para restaurar esa relación.

"A mí me gusta verlo de la siguiente manera. Imagina que tienes la oportunidad de conocer a alguien que realmente admiras; alguien del mundo de los deportes, los negocios, la religión, el cine, o cualquier otra área de tu interés; alguien que tú realmente admiras. Después de meses, años, o incluso una vida de esperar y creer que esto realmente no es posible, algo sucede y, de repente, tienes a la persona frente a ti. Seguramente, querrás aprender de esa persona, hacerle preguntas, tal vez pedirle un favor o solo pasar tiempo con ella y tomarte una foto al final del día. Estoy seguro de que tú no te perderías esa cita por nada en la vida, ¿verdad? Le contarías a tu familia, amigos, y harías todos los arreglos en tu agenda, día y mes si es necesario, para no perdértela. Bueno, déjame decirte que, cada día, tú y yo tenemos la oportunidad de nuestra vida: encontrarnos con el Padre celestial. Él nos espera diariamente para tener comunión con nosotros, Sus hijos. ¿Qué estarías dispuesto a hacer para no perderte esa cita?

"Quiero compartir un testimonio contigo. Hace unos años, mientras estaba en comunión con el Padre, Él me habló y me dijo que nos proveería para pagar la hipoteca de nuestra casa. Yo creí en Su dulce voz y rompí en llanto mientras lo escuchaba. Resulta que, con mi esposa, estábamos en la tarea de comprar una casa. En ese momento, teníamos pendiente un monto considerablemente grande. Pero, mientras oía Su voz, el Padre también me dio un plan y un tiempo en el que esto sucedería. Mientras yo le decía cuánto lo amaba, sin pedir nada de Él, Dios tenía mi milagro en mente. Yo le creí de inmediato, con todo mi corazón. Después de llevar a cabo el plan y las instrucciones que Él me dio aquel día, vimos cómo sucedía ese milagro. Mi esposa y yo, junto con nuestros hijos, le creímos a Él y lo vimos hacerlo. ¿Cuánto habríamos tenido que sufrir, ahorrar y luchar para conseguir el dinero, la casa, y todo lo necesario por nuestra propia cuenta? Sin embargo, gracias a nuestra relación, Dios nos lo dio todo, porque Él tiene cuidado de Sus hijos que lo buscan en la intimidad diaria. ¡Es un Padre maravilloso! Toda la gloria sea para Él y Su precioso Hijo, Jesús.

"Los mayores milagros que mi esposa y yo hemos experimentado en nuestra familia han sido por medio de nuestra relación con el Padre. La oración ha cambiado para siempre nuestras vidas. Hoy, yo oro para que también cambie la tuya. Si has perdido la pasión de estar con Él, oro para que esa llama sea reencendida hoy. Oro al precioso Espíritu Santo a fin de que te guíe y fortalezca de nuevo para estar con tu Padre. La oración es el camino más directo que Jesús tuvo, mientras estuvo en la tierra, para conectarse con el Padre. También lo es para nosotros. Abracémoslo hoy como nunca antes".

Activación práctica

- Si reconoce que hasta ahora, no ha tenido una relación de pacto con el Padre, necesita empezar hoy. No hay tiempo que perder en la indecisión o la duda. Jesús nos mostró claramente el camino. Si quiere ser como Él, seguirlo, hacer lo que Él hizo y ser parte de la novia que se irá con Él, haga esta oración conmigo:

"Padre Celestial, quiero tener una relación de pacto contigo. Ya no quiero una relación superficial, una vez a la semana o simplemente cantar, danzar en la iglesia y luego ir por mi propia cuenta, sin que nada cambie. No quiero visitarte solo los domingos en la iglesia. Quiero vivir en una relación personal, progresiva y constante como la que Jesús tiene contigo. Por eso, hoy me comprometo a buscarte y darte sacrificios espirituales de oración, alabanza, ofrendas y renunciar a todo lo que me separa de Ti. Hoy, te entrego mi vida, mis razones, mis argumentos y mis deseos, y hago un pacto contigo; un verdadero pacto, para dedicarme por completo a Ti. Jesús, dame la gracia de permanecer y perseverar como un remanente fiel, como la novia fiel que vela en oración. ¡Amén!"

- Si ha comenzado su diario de oración, no lo deje a un lado. Siga escribiendo sus experiencias con Dios. Eso le ayudará a ver cómo progresa y le animará a seguir adelante cuando llegue la tentación de abandonar.

- Además, es importante compartir con los demás la urgencia de buscar una relación con Dios. Podrá impartir su pasión a los demás y formar un grupo de personas que persigan lo mismo.

Resumen del capítulo

- Jesús mantuvo una relación íntima con el Padre a través de la oración. Como hombre, Él sabía que Dios era Su fuente de vida; que sin Él nada podía hacer. En oración, recibió la revelación de que Él era el Hijo de Dios. Allí conoció al Padre y Él afirmó Su existencia.
- Jesús enseñó una teología relacional, no doctrinal. Todas Sus relaciones en la tierra dependían de esa relación: Sus discípulos, Su familia, las multitudes, los religiosos y otros.
- La oración es el lugar donde se activa la atmósfera de la dimensión celestial aquí en la tierra. La oscuridad se disipa y reina la verdad absoluta.
- Jesús buscó al Padre incansablemente. Él es el modelo perfecto de cómo conocer a Dios por medio de la oración.
- Vivir en constante oración es una actitud que no siempre es verbal. El silencio es un lenguaje ante Dios que solo Él entiende. Va de espíritu a Espíritu.
- Jesús nos mostró que su relación con el Padre era de búsqueda constante y de deseo incesante. Dios siempre comienza llamando al hombre, y el hombre debe responder buscando una relación.

- La credibilidad de un deseo se evidencia por el impulso en la búsqueda.
- Dios solo entra en relación con el hombre cuando hay un pacto de sacrificio.
- En el lenguaje de Dios, el pacto es una unión hecha con sangre. Es la consagración y entrega total de ambas partes, nacida en la oración.
- Jesús demostró Su pacto y Su obediencia al Padre a través del sacrificio en la cruz. Su sacrificio implicó la salvación del hombre y su liberación del yugo del pecado.
- La segunda venida de Jesús marcará la diferencia entre aquellos que tienen una relación con Jesús —como Padre, Señor y Salvador— y aquellos que no la tienen.
- Jesús viene por una novia que permanece vigilante y se mantiene pura, en pacto y relación con el Padre.

Notas

1. "En silencio y a solas: cómo oran los estadounidenses", Grupo Barna, 2017, https://www.barna.com/research/silent-solo-americans-pray.

2. "En silencio y a solas: cómo oran los estadounidenses", Barna Group, 2017, https://www.barna.com/research/silent-solo-americans-pray.

Capítulo 4

Los siete niveles de compañerismo

La distancia entre la sociedad y Dios crece con cada nueva generación que pasa. Así podemos ver que las generaciones anteriores estaban centradas en la iglesia. Crecieron conociendo a Dios en las escuelas, las iglesias y la sociedad. Hoy en día, la gente es más secular. La fe cristiana se considera tradicional. La gente prefiere ser neutral en la fe para no ofender a los demás. Los niños no crecen oyendo hablar de Dios a menos que sus padres sean creyentes firmes y activos en su fe. El Grupo Barna descubrió que el número de estadounidenses que asisten a la iglesia semanalmente es un tercio menor que en 1993. Este estudio dio paso a otro que marcaba la diferencia entre grupos practicantes, no practicantes y no cristianos. Se encontró que el grupo de cristianos practicantes se había reducido significativamente. En el año 2000, era del 45 por ciento, y hoy es del 25 por ciento. La mitad de ese grupo se volvió no practicante, mientras la otra mitad abandonó por completo su fe y se convirtió en no cristiana (atea, agnóstica, etc.).[1] Este descenso pone de manifiesto que Dios ha sido reducido a una idea vaga o un pensamiento fugaz. Ya no existe un conocimiento *firme* de Dios. Por eso, la gente está más inclinada al mal, y vemos las consecuencias en el mundo moderno. Ahora más que nunca, necesitamos una iglesia que tenga un conocimiento revelado de Dios. Una iglesia sin revelación no tiene luz. Está tan alejada como la gente mundana, pero no lo sabe.

En la antigüedad, Dios era conocido como alguien a quien había que temer y adorar. Cuando Jesús vino a la tierra, también llegó la revelación de Su paternidad y amistad (vea Mateo 6:26; Juan 15:14). Esta revelación nunca deja de crecer. Al contrario, a lo largo de los siglos, el Espíritu Santo ha revelado más y más aspectos que Dios quiere compartir con la humanidad para darse a conocer y revelarse. Para esta generación, el aspecto a ser revelado es el compañerismo con Dios. En este tiempo final, el enemigo está haciendo todo lo posible para separar al pueblo de Su Dios. Sin embargo, al mismo tiempo, el Espíritu Santo está revelando más misterios sobre cómo conocer y acercarse a Dios. Así que, comencemos con la pregunta que estamos enfrentando actualmente: ¿Qué es el compañerismo?

El misterio del compañerismo

Lo primero que hay que establecer acerca del compañerismo es su significado. Esta palabra ha desarrollado diferentes significados en el mundo occidental, lo que dificulta su comprensión en un sentido mundano y bíblico. Permítanme hacer una ilustración. La tasa de matrimonios en los Estados Unidos hoy en día ha disminuido al 50 por ciento de lo que era en 1970. Actualmente, más personas optan por no hacer un compromiso de por vida con otra persona.[2] Sin embargo, vemos lo contrario en países como China y Rusia. Allí, la tasa de matrimonios ha aumentado, pero la tasa de divorcios (4.7 por cada mil habitantes) ahora dobla a la de Estados Unidos (2.5 por cada mil habitantes).[3] En este caso, la gente sigue desconectada de los demás y es de suponer que es porque nadie entiende lo que significa realmente el compañerismo, incluida la iglesia. En medio de esta distorsión, la iglesia no ha sido capaz de aprender a tener compañerismo correctamente y, a su vez, ha descuidado su búsqueda de Dios y la relación entre creyentes.

El diccionario *Merriam-Webster* define el compañerismo como "compañía", una "comunidad de interés, actividad, sentimiento o experiencia entre iguales o amigos" y "la cualidad o estado de ser camarada".[4] En otras palabras, el compañerismo es un vínculo entre dos amigos, personas o comunidades del mismo interés. La definición bíblica va un poco más profunda. La palabra "compañerismo" proviene de la palabra griega *koinonía*, que describe a dos o más personas que tienen cosas en común, que están unidas, que participan conjuntamente, que contribuyen o aportan, que están en comunión, que se asocian, que comparten juntas y que tienen comunión espiritual e intimidad. El objetivo del Espíritu Santo es llevar esta revelación de compañerismo al cuerpo de Cristo, no solo a los pocos que siguen manteniendo una relación con Dios a través de la oración, sino a la mayoría que la ha perdido. Su deseo es *"aclarar a todos cuál sea la dispensación del misterio escondido desde los siglos en Dios, que creó todas las cosas"* (Efesios 3:9).

De todo lo anterior, podemos afirmar que el compañerismo que Dios busca con el hombre es el estado o el lugar donde permanecemos en asociación con Dios, compartiendo y participando juntos, en comunión e intimidad con Él, con los corazones unidos, en o por un pacto. También podemos definir la naturaleza del compañerismo como una palabra de pacto porque implica el mismo tipo de unidad que el Padre tiene con Jesús. Sin pacto no hay compañerismo, y donde no hay compañerismo, no hay relación. Por lo tanto, *compañerismo* es sin duda una palabra de pacto, no escrita en un contrato pero sí en el corazón. Por eso, en el libro de los Salmos, cuando Dios se estaba preparando para juzgar la tierra, primero dijo, *"Juntadme mis santos, los que hicieron conmigo pacto con sacrificio"* (Salmos 50:5). La Biblia Amplificada los llama "piadosos" en lugar de "santos". Esta palabra no se refiere necesariamente a los que tienen el estatus de Dios, sino que es la forma en que Dios describe a los que son dedicados o son *devotos* a Él. Un devoto es alguien tan profundamente comprometido que entrega su vida por otro; eso para Dios es ser un compañero. En este versículo, Dios da a entender que Su juicio no caerá sobre ellos, sino que tendrán Su protección.

El compañerismo es el aspecto más profundo del pacto; por lo tanto, no podemos decir que tenemos compañerismo con Dios si no tenemos pacto con Él. El compañerismo surge entre dos individuos que tienen una relación personal y continua, en la que ambos se han comprometido y sacrificado, hasta el punto de que viven completamente en pacto. *"El secreto [del sabio consejo] del Señor es para los que le temen, y Él les hará conocer Su pacto y les revelará [a través de Su palabra] su significado [más íntimo y profundo]"* (Salmos 25:14 AMP).

Un pacto es el producto de la unión y el intercambio de corazones.

Tomemos como ejemplo las relaciones entre los seres humanos. Sabemos que una persona no puede llegar a conocer a otra solo mediate la socialización. La socialización apenas araña la superficie de lo que podría ser una relación. Si dos personas basan su relación en cualidades como estas, la relación se vuelve superficial, la cual no puede considerarse genuina. Las relaciones superficiales solo ofrecen conexiones temporales y quizá un contacto ocasional para compartir algún interés común. Nunca hay nada personal ni profundo en ellas. No nos cambia ni nos exige nada.

Por otro lado, el compañerismo requiere que una persona conozca a la otra porque está constantemente unida a través de una relación cotidiana, genuina y comprometida. El pegamento que las une es un pacto, el cual a la vez exige una inversión mutua. Es el intercambio de dos vidas. *"Todos los que habían creído estaban juntos, y tenían en común todas las cosas"* (Hechos 2:44).

El compañerismo con Dios es real, tangible, sobrenatural y solo es posible mediante un pacto con Jesús.

Algunos creyentes quieren todo de Dios, pero no quieren dar nada de ellos mismos. No están dispuestos a renunciar a sus vicios, pecados, egoísmos, pasatiempos o formas de pensar. Para ellos, la idea de intercambiar algo es absurda e innecesaria. Pero esto no es cierto. El intercambio es el requisito mínimo para encontrar comunión con Dios. El compañerismo es un intercambio legal entre Él y nosotros. En el compañerismo le entregamos todo lo nuestro y, a su vez, Él nos llena con Su presencia. No existe nada fuera de Él. Todas las personas o circunstancias están desprovistas de cualquier derecho que puedan tener sobre nuestras mentes. Somos libres para conocerlo, adorarlo, cambiar nuestra atmósfera con Su presencia y leer la Palabra. Entramos en un estado continuo de compartir, dar y recibir, hasta el punto que somos transformados. Cambia nuestra forma de pensar, imparte identidad y nos empodera. Es un lugar de dulce compañerismo del que no queremos salir una vez que entramos. Nos demanda dejar todo, pero una vez que lo alcanzamos, vale la pena haberlo dejado.

Si queremos una relación cercana con Dios, debemos hacer la transición de tener un contacto social simple, superficial y ocasional, para empezar a practicar un compañerismo de pacto. Cuando la iglesia entiende el compañerismo, es fiel a Dios y está dispuesta a invertir en los creyentes y en su comunidad. Se convierte en una voz que transmite paz, seguridad y autoridad, rasgos evidentes de haber pasado tiempo en comunión con Dios, porque incluso nuestra voz cambia cuando pasamos tiempo con Él (por eso, los espíritus demoníacos se sujetan al sonido de nuestra voz). Además, al practicar el compañerismo de pacto con otros —cuando reflejamos nuestro compañerismo con Dios ante los demás— Dios cumple Sus promesas y desata Sus bendiciones.

Cuando tenemos continuo compañerismo con Dios, nos asemejamos a Él; somos empoderados y fortalecidos.

Los siete niveles del compañerismo

Cosas en común

Como creyentes, tenemos el mismo Señor y Salvador, pero también el mismo enemigo. Por lo tanto, debemos creer que todo lo que afecta o lastima a Dios nos afecta o nos lastima a nosotros. Y cualquiera que sea enemigo de Dios es también nuestro enemigo, y viceversa. Pero ¿qué tenemos en común con Dios? La mayoría de las personas ven a

Dios como alguien muy distante con quien no comparten nada, pero la verdad es que compartimos más cosas en común con Dios de lo que imaginamos.

Para empezar, todas las personas provienen de Dios. Él es nuestro originador, y la Palabra dice que Él nos hizo. *"Así que Dios creó al hombre a su imagen y semejanza, a imagen y semejanza de Dios lo creó; hombre y mujer los creó"* (Génesis 1:27 AMP). Solo eso nos une a Él de una forma eterna, lo que sigue siendo un misterio para la religión y la ciencia. Sin embargo, lo más precioso que tenemos en común con el Padre es Jesús. Hoy, tenemos en común Su sangre, Su perdón y salvación, Su aceptación y el amor que nos abraza si buscamos una relación con Él.

Hasta que las personas tengan la revelación de quiénes son y de dónde vienen, no pueden tener comunión con Dios.

Este es el primer nivel de compañerismo, donde lo que tenemos en común con Él es genuinamente trascendente. Sin embargo, nuestra comunión permanece incompleta si solo nos quedamos en este nivel. Si bien este es un hecho, compartir cosas en común con Dios solo nos mantiene en la superficie de la relación. La profundidad viene con los siguientes niveles de compañerismo.

Pacto y unidad

Una vez que establecemos las cosas que tenemos en común con Dios y estas se revelan en nuestros corazones, podemos pasar al segundo nivel de compañerismo, por el que nos unimos a Dios a través de un pacto. Sin un pacto de compromiso no podemos tener relación con Dios. Este pacto no solo se establece a través de la sangre de Cristo, sino por el sacrificio espiritual que hacemos cuando decidimos dejar las cosas del mundo, morir a nuestra carne y consagrarnos a Dios. Es un pacto progresivo que debe venir de nosotros porque Dios quiere asegurarse de que confiaremos y siempre iremos a Él, sin importar las circunstancias. Repito, el pacto es el pegamento que nos mantiene unidos a Dios, creando un vínculo inquebrantable basado en la confianza mutua.

> Sin un pacto de compromiso, no podemos tener compañerismo con Dios.

Lo mismo aplica a otros creyentes en una perspectiva paralela. *"Porque de la manera que en un cuerpo tenemos muchos miembros, pero no todos los miembros tienen la misma función, así nosotros, siendo muchos, somos un cuerpo en Cristo, y todos miembros los unos de los otros"* (Romanos 12:4-5). El propósito de estar unidos es proveerse, ayudarse unos a otros, nutrirse, ministrar, crecer espiritualmente y lograr la máxima unidad como cuerpo de Cristo. *"Vosotros, pues, sois el cuerpo de Cristo, y miembros cada uno en particular"* (1 Corintios 12:27).

Si ya ha recibido la revelación de que Dios es su creador y que usted viene de Él, este es el momento de hacer un pacto con Él. Le animo a que se comprometa con Dios, ahora mismo, en un pacto de entrega mutua; entonces se convertirá en uno con Dios.

Asociación

El siguiente nivel de compañerismo es asociarse con Dios. Una sociedad en el mundo de los negocios consiste en la propiedad conjunta de algo, donde todas las partes asumen por igual las ganancias, los riesgos y las pérdidas. Cuando Dios creó al hombre, le dio poder para gobernar y someter la tierra (vea Génesis 1:27-28). Sin embargo, al cometer el primer pecado, Adán perdió esa autoridad. Jesús la recuperó cuando vino a la tierra, trayendo además el reino de Dios.

Cuando el reino fue establecido en la tierra, surgieron responsabilidades entre el hombre y Dios, y se formó una sociedad. De este modo, cuando Jesús regresó al cielo, nos dejó a cargo. Nuestra sociedad con Dios espera que asumamos responsabilidades tales como gobernar Su creación, expandir Su reino, predicar el evangelio, y mantener el ministerio y el servicio a la gente. Nuestra parte en el cumplimiento de estas expectativas es comprometernos a orar, ayunar, obedecer, vivir, adorar, servir a Dios y a los demás, hablar a otros acerca de Jesús, manifestar Su poder por medio de milagros, señales y maravillas, y luchar por la justicia y por los más débiles (vea Mateo 5:6, 10; Santiago 1:27; Deuteronomio 10:17-18). Cuando hacemos nuestra parte, Dios cumple la Suya, que es desatar Su poder, presencia y recursos sobrenaturales. En el compañerismo con Dios, Él se lleva la gloria y el crédito, mientras que nosotros obtenemos los beneficios.

En sentido amplio, somos socios de Dios cuando traemos nuestra familia, amigos y compañeros de trabajo a los pies de Cristo, echamos fuera demonios e impartimos liberación espiritual a Su pueblo, desatamos Su poder para sanar enfermedades y dolencias de las personas, defendemos a los débiles maltratados por su opresor, luchamos por la justicia donde no la hay, alimentamos al hambriento, vestimos al desnudo, visitamos a los que están en las cárceles y hospitales (vea Mateo 25:35-40); y lo más importante, somos socios de Dios cuando discipulamos a los creyentes (vea Mateo 28:19). ¡Es tan poderoso saber que nuestro "socio" —en nuestra vida personal, familiar, laboral y ministerial— es Dios mismo!

Compartir juntos

Cuando Jesús ascendió al cielo, los discípulos, junto a los creyentes, continuaron *"unánimes cada día en el templo, y partiendo el pan en las casas, comían juntos con alegría y sencillez de corazón, alabando a Dios, y teniendo favor con todo el pueblo"* (Hechos 2:46-47). Eso fue lo que les enseñó Jesús. Si usted está en la presencia de Dios, compartir con Él es una signo inequívoco de compañerismo. También es, a menudo, un indicador de nuestra relación con los demás. Cuando tenemos comunión en la presencia de Dios, compartimos nuestros corazones, inseguridades, temores, alegrías y secretos. Dios, a su vez, comparte Su naturaleza, Su vida y mucho más. Así es como podemos identificar el verdadero compañerismo, porque es imposible compartir todo esto con una persona a la que no se conoce, en la que no se confía y con la que no tenemos una relación personal, continua y profunda.

> El objetivo del compañerismo es compartir.

Es importante aclarar esto porque algunos creyentes quieren las bendiciones de Dios, pero no están dispuestos a compartir nada con Él; no abren sus corazones, no traen a su familia ni comparten a Dios con otros. Muchos creen que están automáticamente en buena posición con Dios simplemente yendo a la iglesia el domingo y dando una ofrenda. Entonces, cuando llegan las crisis, no entienden por qué Dios permite que sufran o por qué no hace un milagro. Pero tome un momento para preguntarse, ¿lo haría usted si alguien con quien no ha mantenido contacto durante mucho tiempo sin avisar le exige que le ayude y espera que lo atienda? Lo mismo ocurre a la inversa, cuando tiene amigos con los que nunca comparte tiempo de calidad, a los que nunca sirve o ayuda en su necesidad, y sin embargo espera que ellos acudan a socorrerlo cuando usted tiene una crisis. Si nunca comparte su vida con Dios, ¿por qué Él debería intervenir en la suya?

Me gusta compartir una comida con mis hijos espirituales y naturales. Como mencioné antes, como creyentes, tenemos muchas cosas en común, como nuestra fe en Jesús y el llamado a extender Su reino y manifestar Su poder. Por lo tanto, no podemos vivir como extraños en la vida diaria. Sin embargo, el verdadero compañerismo viene de compartir experiencias de vida, de pagar el precio de servir a Dios y a las personas, de compartir el sufrimiento cuando llegan los ataques del enemigo y de compartir el gozo cuando Dios nos da la victoria en nuestra vida personal y en la iglesia.

Participación conjunta

El apóstol Pablo tuvo esta revelación de participación en su relación con Jesús. Por eso le escribió a la iglesia en Filipos que quería ser alcanzado en Cristo, *"a fin de conocerlo [a través de la experiencia, llegando a conocerlo más a fondo, comprendiendo más completamente las notables maravillas de Su Persona] y [de esa misma manera experimentar] el poder de su resurrección [que se desborda y está activa en los creyentes], y [para que pueda compartir] la comunión de sus sufrimientos, siendo continuamente conformado [interiormente a su semejanza, incluso] a su muerte [muriendo como Él]"* (Filipenses 3:10 AMP). Otra versión bíblica usa la palabra "participación" en lugar de "comunión o compañerismo". Aquí, participación se refiere a "compartir" los sufrimientos de Cristo a fin de reunir a la humanidad con el Padre. Lo que Pablo está diciendo es que él está en la tarea de *"alcanzar aquello para lo cual Cristo Jesús me alcanzó a mí"* (Filipenses 3:12 NVI). Esto implica que hay una participación conjunta en la salvación, donde Cristo nos alcanza, y nosotros aceptamos ser alcanzados por Cristo. Por lo tanto, si tenemos compañerismo con Cristo, también participamos en Sus sufrimientos. ¡Ese es el verdadero compañerismo!

A los creyentes no les gusta esta enseñanza de participar en los sufrimientos de Cristo, porque a nadie le gusta sufrir. Ellos creen que para participar en Sus sufrimientos debemos sufrir la misma crucifixión y los mismo azotes que Él sufrió. Si bien es cierto que, en algunas partes del mundo, hay creyentes que son golpeados, encarcelados e incluso asesinados por causa de Cristo, esta no es la única forma de participar en Sus sufrimientos. Los sufrimientos a los que estamos sujetos en el nombre de Cristo se pueden dividir en dos tipos: el sufrimiento que proviene del compañerismo con Cristo y Su justicia (también conocido como el sufrimiento de la carne), y el sufrimiento que proviene de la injusticia (también conocido como la desobediencia a Dios). Es esencial aclarar estos tipos de sufrimiento y enfatizar que, sin ellos, no hay compañerismo con Dios.

Sufrimiento por la justicia

Este sufrimiento nos identifica con Jesús: *"Puesto que Cristo ha padecido por nosotros en la carne, vosotros también armaos del mismo pensamiento; pues quien ha padecido en la carne, terminó con el pecado"* (1 Pedro 4:1).

El sufrimiento de la carne no consiste en recibir azotes o encarcelamiento (al menos no para la mayoría de los creyentes occidentales). Este sufrimiento se refiere a negar la naturaleza adánica, el yo, la naturaleza pecaminosa y el viejo hombre. *"Con Cristo estoy juntamente crucificado, y ya no vivo yo, más vive Cristo en mí; y lo que ahora vivo en la carne, lo vivo en la fe del Hijo de Dios, el cual me amó y se entregó a sí mismo por mí"* (Gálatas 2:20). Ser "crucificado con Cristo" equivale a decir, "Estoy con Jesús en todo lo que viene contra Él; no me conmoveré, no desistiré, no huiré; permaneceré con Él, pagando el precio de que Él viva en mí, y yo ya no viva". Pese a tener el poder para salvarse a Sí mismo, Jesús se aferró a la cruz en obediencia al Padre. Hoy tenemos la misma oportunidad: alcanzar el compañerismo con nuestro Señor a través de la obediencia con sacrificio.

La negación del yo es señal de tener compañerismo con Jesús a través de la participación en sus sufrimientos.

Sacrificarse por la justicia —por estar en justicia ante Dios— significa que nuestra naturaleza carnal debe ser crucificada, porque no podemos tener compañerismo con Cristo sin pasar por lo que Él pasó, sin sufrir lo que Él sufrió. Y así como Jesús se entregó voluntariamente, así debemos hacerlo nosotros. Jesús lo sabía, ya que *"aunque era Hijo, por lo que padeció aprendió la obediencia"* (Hebreos 5:8); por eso, al instruir a Sus discípulos les dijo, *"El que no toma su cruz y sigue en pos de mí, no es digno de mí"* (Mateo 10:38).

Esto es lo que Pablo enseñó a sus discípulos en la iglesia de Roma, *"Así también vosotros consideraos muertos al pecado, pero vivos para Dios en Cristo Jesús, Señor nuestro. No reine, pues, el pecado en vuestro cuerpo mortal, de modo que lo obedezcáis en sus concupiscencias; ni tampoco presentéis vuestros miembros al pecado como instrumentos de iniquidad"* (Romanos 6:11-13). Compartir el sufrimiento de Cristo es estar "muerto al pecado". ¿Qué significa estar "muerto al pecado"? Significa que cuando se le presenta o le ofrecen la oportunidad de pecar, eso no produce reacción ni tiene control alguno sobre usted. Cuando usted está muerto al pecado, este ya no lo atrae, porque su carne está muerta y crucificada con Cristo.

Jesús no tenía naturaleza pecaminosa, pero sí una naturaleza divina. Este fue el principio por el que Jesús operó durante Su tiempo en la tierra. Se negó a sí mismo. *"El cual, siendo en forma de Dios, no estimó el ser igual a Dios como cosa a que aferrarse"* (Filipenses 2:6). Él podría haber elegido seguir siendo Dios, pero voluntariamente se negó a Sí mismo y eligió ser hombre. Eligió morir a quién era antes de venir a la tierra y padecer como ser humano el desprecio, los azotes y la muerte en la cruz.

Si queremos tener comunión con Dios, también debemos morir a lo que pensamos, sentimos y queremos, para que Él pueda vivir en nosotros. Una negación continua nos lleva a saber que no somos nosotros los que vivimos y hacemos, sino Cristo en nosotros. Para nuestra mente esto parece ilógico e imposible. La diferencia entre Jesús y nosotros es que Él tuvo revelación de por qué murió. Por lo tanto, para que una persona elija morir a su carne, debe saber por quién y por qué está muriendo.

Negarse a sí mismo es un sacrificio diario.

Sufrir por la injusticia

Este es el sufrimiento del que Jesús quiere librarnos, el sufrimiento que no nos trae nada más que amargura, resentimiento, arrepentimiento, culpa y remordimiento. El apóstol Pedro escribió sobre este sufrimiento a sus discípulos del Ponto y otras regiones, aconsejándoles: *"ninguno de vosotros padezca como homicida, o ladrón, o malhechor, o por entremeterse en lo ajeno; pero si alguno padece como cristiano, no se avergüence, sino glorifique a Dios por ello"* (1 Pedro 4:15-16). La desobediencia a Dios siempre trae sufrimientos que no tienen nada que ver con los de Cristo. No vienen por el compañerismo con Dios, ni nos acercan a Él. Esto le sucedió al hijo pródigo, que despreció a su padre y despilfarró su herencia en vicios y malas amistades. *"Y cuando todo lo hubo malgastado, vino una gran hambre en aquella provincia, y comenzó a faltarle. ...Y deseaba llenar su vientre de las algarrobas que comían los cerdos, pero nadie le daba"* (Lucas 15:14, 16). Ese es el sufrimiento debido a la desobediencia y la injusticia.

Comunión

En el original griego, la palabra *comunión* significa "habitar en un tabernáculo". Sin embargo, la Biblia nos provee un significado más profundo, dando a entender que es habitar en comunión íntima con Cristo resucitado y llegar a ser uno con Dios, tal como Jesús lo hizo en la tierra. *"Para que todos sean uno; como tú, oh Padre, en mí, y yo en ti, que también ellos sean uno en nosotros; para que el mundo crea que tú me enviaste"* (Juan 17:21). Jesús fue uno con Su Padre, y vino a restaurar esa unidad para nosotros. Hay un lugar en el compañerismo donde nos volvemos uno con Dios y habitamos con Él en el mismo espacio por medio de la comunión íntima. Una forma práctica de entender ese tipo de comunión es el matrimonio entre un hombre y una mujer. Cuando una pareja se casa, la unión solo se sella cuando el matrimonio se consuma a través del acto sexual. Esta unión se produce a nivel físico, espiritual y emocional, y es un reflejo natural del misterio de la comunión espiritual con Dios.

El misterio por el cual la comunión con Dios nos empodera se revela a través de la correcta relación y unificación con Él.

Como creyentes, somos uno con Cristo en Su muerte, resurrección y vida misma: *"Y juntamente con él nos resucitó, y asimismo nos hizo sentar en los lugares celestiales con Cristo Jesús"* (Efesios 2:6). Ser uno con Cristo es ser uno con el Padre. Dios quiere que entendamos que, a través de la sangre de Jesús, Él es uno con nosotros como lo es con Cristo. Esto significa que cuando hablamos, Dios está de acuerdo con nosotros y nos respalda con Su poder. Él honrará Su Palabra cuando salga de nuestra boca. En esa unidad, somos como Dios. Permítame aclarar. No estoy diciendo que *somos* Dios, sino que pensamos, hablamos y actuamos como Dios, como Sus embajadores en la tierra. En la comunión, Dios se funde con nosotros, y nosotros con Él; así es como la gente ve la continuación de la vida de Dios en el ser humano. Él nos da autoridad para actuar en Su lugar desde nuestra íntima comunión, porque es allí donde nos hacemos uno con Él. Si usted es uno con Dios, todo lo que declare sucederá; tendrá el poder y la autoridad para gobernar y reinar sobre la creación, la enfermedad, los espíritus demoníacos, y otros más en la tierra.

La comunión con Dios nos da identidad, porque llegar a ser uno con Él nos lleva a conocer quiénes somos y cuál es nuestro origen; nos conecta con nuestra fuente y acaba con las incertidumbres, inseguridades y temores. La identidad no tiene nada que ver con nuestra profesión, ocupación, dones, talentos o preferencias. Tiene todo que ver con nuestra esencia y origen, como hijos amados de Dios, dignos de ser amados y capaces de amar a Dios y a los demás. En esa intimidad con el Padre, cualquier sentimiento de rechazo en nuestro interior desaparece bajo el poder que proviene de saber que somos hijos de Dios.

Intimidad

Este es el nivel más profundo de compañerismo. "*Y esta es la vida eterna: que te conozcan a ti, el único Dios verdadero, y a Jesucristo, a quien has enviado*" (Juan 17:3). Dios creó al hombre para la intimidad, para tener una relación cercana con Él. Además, Él nos dio la capacidad de tener intimidad con otra persona como un reflejo terrenal de algo eterno. Intimidad significa ser conocido por lo que uno es, sin filtros ni máscaras. Intimidad es vulnerabilidad, porque deja al descubierto nuestro ser más íntimo, nuestro lugar secreto. Nuestro corazón fue creado para la intimidad; por lo tanto, sentimos ese anhelo y carencia cuando no tenemos intimidad con Dios o con otra persona. Si conoce a alguien íntimamente, lo conoce más allá de la superficie; sabe lo que otros no saben de él. ¡Este es el nivel de relación que Dios quiere que tengamos con Él! ¡Él quiere una relación única, profunda e íntima con usted! Él quiere conocerle y darse a conocer.

Conocer a Dios íntimamente es la búsqueda suprema de todo ser humano.

Conclusión

El Espíritu Santo nos revela nuevos aspectos de Dios para que los conozcamos y avancemos en nuestra intimidad con Él como nuestro Padre. Este es el momento de decidir conforme a los tiempos que estamos viviendo. No hay lugar para la tibieza espiritual. El desafío de hoy, en un mundo totalmente inclinado al egocentrismo, al desenfreno y a la exaltación del "yo", es morir a la carne para que Cristo viva en nosotros y tengamos una relación de plena comunión e intimidad con el Padre. Es el momento de dejar atrás las relaciones superficiales y temporales para comprometernos y buscar a Dios con todo nuestro corazón. ¿En qué nivel de comunión se encuentra hoy? ¿Cuánto tiempo lleva en ese nivel? ¿Está dispuesto a pagar el precio para pasar al próximo nivel de comunión con el Padre? ¿Quiere salir del estancamiento espiritual que ha detenido su relación con Dios? ¡Este es el día y la hora!

Oraciones contestadas

Amado lector, para inspirarle y desafiarle a buscar ese siguiente nivel en su relación con Dios, vamos a ver dos poderosos testimonios de lo que significa desarrollar los diferentes niveles del compañerismo con el Padre celestial, a nivel personal y ministerial. Veremos cómo esa relación primaria impregna todas nuestras relaciones y proyectos que emprendemos. El compañerismo con Dios no es solo estar dentro de las cuatro paredes de nuestro lugar de oración, sino alcanzar e impactar todo lo que nos rodea. Leamos estos testimonios:

> "Mi nombre es Anita, y junto con mi esposo, David Gutiérrez, tenemos nuestro ministerio en Dallas, Texas. El nuevo nivel de nuestra relación íntima con Dios nos ha llevado a escuchar Su voz y ver a dónde nos está guiando. Sabemos que esto es solo el comienzo. Hemos visto a Dios moverse de la manera más radical tres años después de nuestra conversión, gracias a que cultivamos una relación íntima con Él. Necesitábamos orientación y empoderamiento, así que vinimos al Ministerio El Rey Jesús. Aquí, nos enseñaron cómo acceder y estar en la presencia de Dios, la importancia de nuestra relación con Él, y aprendimos a darle prioridad. Por ese tiempo, perdí a mi padrastro, a mi padre y a mi madre, y no sé qué habría sido de mi vida si no hubiera tenido una relación con Dios que me ayudara a superar ese dolor. Cuando vinimos al Señor, nuestro matrimonio estaba roto, nuestra familia estaba destruida y nuestro negocio estaba a punto de fracasar. No nos quedaba nada más que rendirnos a Dios. Poco a poco, a medida que profundizamos nuestra relación personal con el Padre, Él comenzó a restaurar primero nuestro matrimonio, luego nuestra familia y después nuestro negocio. Él nos dio un ministerio a través del

cual ayudamos a drogadictos, traficantes de drogas y prostitutas. Hoy podemos ver el fruto, a través de vidas nuevas y liberadas, que han sido cambiadas y están hambrientas de Dios. Nuestro ministerio tiene una unción especial para ayudar a estas personas espiritualmente, y ayudarlas a prosperar en cada área de sus vidas a través de una relación constante con Dios.

Tan pronto como nos convertimos, comenzamos a leer los libros del Apóstol Maldonado y a asistir a sus conferencias. Nuestro hijo iba a ser un jugador de fútbol profesional y en su lugar decidió dedicarse a servir a Dios. Se graduó de la universidad y ahora está en fuego por Dios, ayudando a nuestro ministerio. Dios nos bendijo financieramente. Hoy, vemos el fruto de nuestra vida de oración y lo que Dios está haciendo en nuestro ministerio, cómo el Espíritu Santo se manifiesta en medio de nosotros. Cuando llegamos al ministerio nuestra empresa estaba a cinco días de cerrar, pero hoy es el doble de lo que era. En un año genera lo que antes no podíamos hacer en quince. Pagamos todas nuestras deudas, y todo es una bendición. Queremos ayudar a expandir el reino de Dios, porque vemos personas que han sido cristianas durante veinte años que nunca han sido liberadas. Durante la pandemia, el Señor nos habló de ayudar a otro ministerio en Colombia a construir dos templos. Allí, también están experimentando un gran avivamiento".

El Profeta Ernesto López ha sido un hijo espiritual del Apóstol Guillermo Maldonado por más de veinte años. Desde que llegó al Ministerio El Rey Jesús, no ha dejado de crecer como persona, esposo, padre, hijo espiritual y siervo de Dios. A medida que su relación íntima con el Padre celestial ha avanzado, también lo ha hecho su llamado ministerial. Comenzó como líder en un nivel de principiante y ahora ha alcanzado la plenitud de su llamado como profeta de Dios para esta casa y las naciones, trayendo palabra fresca del cielo, predicando a Jesús con demostraciones del poder del Espíritu Santo, con milagros, señales y maravillas. Su vida es un testimonio de lo que una relación personal con el Padre hace y nunca deja de crecer. El siguiente es un breve relato de cómo es su relación personal con el Padre:

> "Si tengo que describir mi relación con Dios a través de la oración, diría que todos los días me despierto muy consciente de que Dios es real en mi vida. Cada nuevo amanecer, lo adoro y lo exalto como mi Rey y Señor, reconozco Su grandeza y Su poder, afirmo Su sabiduría y majestad; me declaro en total dependencia de Él, de Su fidelidad, Su amor y Su misericordia. En mi lugar secreto con Dios, levanto mis manos en absoluta rendición y declaro que Él es mi Padre, mi fuente de vida, mi sustento y fortaleza. En voz alta, confieso que soy Su hijo y que, como tal, tengo derechos y privilegios. Sé que nada de esto es por mi fuerza o por mi mérito, sino por el sacrificio de Jesús en la cruz. Reconozco que Su sangre me limpia y me da acceso al trono de la gracia, y que soy aceptado y perdonado. Que soy tan justo por la fe como lo es Jesús por Su naturaleza. A lo largo de mi vida como cristiano, siempre he buscado conocer más a Dios, he escudriñado Su palabra y he orado constantemente. Mi relación con Él ha crecido y se ha hecho más profunda de lo que inicialmente era. Hoy puedo decir que tengo una relación con el Padre celestial que es íntima; estoy en comunión con Él, comparto todo de mí allí, y Él también lo hace. Días atrás, estaba buscando Su rostro, y de repente Su presencia se hizo tan real en mi vida que no pude levantarme de donde estaba arrodillado. Entonces escuché Su voz

diciendo: "Déjame usar tu cuerpo para clamar por esta nueva generación". Inmediatamente, comencé a interceder, y el Espíritu Santo me llevó a liberar cada área donde el enemigo había puesto sus maldiciones sobre esta generación. Vi cómo salían de prisiones espirituales donde la identidad de muchos jóvenes estaba distorsionada; se les hacía creer que eran lo que no son, con conceptos e ideologías llenos de mentiras, falsedades y muchas otras cosas. Sentí una ira santa y comencé a declarar y profetizar que Jesús había venido a salvar y rescatar a los que estaban perdidos. Entonces, vi que todos fueron afirmados en una montaña alta donde Dios les dio protección. Supe que Dios había obrado y que la oración había sido efectiva. El domingo siguiente, estuve en la iglesia sirviendo en los tres servicios que tenemos. Y resulta que cada persona con la que hablé, en su mayoría jóvenes, me testificaron que estaban pasando por pruebas difíciles con su identidad, que estaban siendo atacados con falsas doctrinas y que el enemigo estaba tratando de engañarlos para que retrocedieran. ¡Gloria a Dios que Jesús nunca llega tarde! Sé que estas son las personas por las que había estado orando y que Dios estaba obrando, ya que podían ver el engaño del enemigo. Esta generación será preservada como parte del remanente del último tiempo, incluyendo nuestras familias e hijos".

Activación práctica

- Si cree que lo que ha logrado en la intimidad con Dios no es suficiente, y quiere ir un paso más allá, y llevar su relación a un nivel más profundo de compañerismo e intimidad total con Él, entonces haga esta oración conmigo:

"Padre Celestial, hoy vengo ante Ti con el corazón abierto. Sé que mi relación contigo puede crecer y profundizarse aún más. Tengo sed de Ti, mi alma anhela esa conexión íntima contigo en oración. Estoy dispuesto a crucificar mi carne y morir para que Cristo viva en mí; estoy dispuesto a menguar para que Dios crezca en mí, más y más cada día. Espíritu Santo, ven y lléname, limpia mi corazón de todo pecado oculto, lávame con la sangre de Cristo y llévame a nuevos niveles de revelación de la persona de Cristo. Llévame a ese lugar de intimidad donde pueda conocer al Padre y compartir mi vida con Él en completa comunión. ¡Te lo pido en el nombre de Jesús, amén!"

- Continúe anotando sus nuevas experiencias de intimidad con el Padre.
- Comparta su relación con Dios con personas que no la tienen. Hágalo en persona, en sus redes sociales, en reuniones familiares y con amigos.
- Desate el poder que sale de esa intimidad para sanar y liberar a otros. Dios le da poder para traer la realidad de Cristo al mundo.

Resumen del capítulo

- La generación de hoy tiende a distanciarse cada vez más de Dios, de la iglesia y de su fe. Los niños ya no crecen escuchando la Palabra de Dios, como solían hacerlo.
- En este último tiempo, el Espíritu Santo está revelando los misterios de Dios para conocerlo más.
- Antes, Dios era conocido como alguien que debía ser temido y adorado; hoy, el Espíritu Santo trae la revelación de Su paternidad y amistad.
- El diccionario define *compañerismo* como camaradería, asociación y apego entre amigos. La Biblia lo describe como dos o más personas que tienen cosas en común, que están unidas, que participan conjuntamente, que contribuyen a la comunión, que se asocian, que comparten juntos, que tienen compañerismo espiritual e intimidad.
- No podemos decir que conocemos a las personas solo por socializar con ellas. Esto solo araña la superficie de una relación. Este tipo de relaciones se basan en el contacto ocasional y no nos cambian ni exigen nada relevante.
- Algunos creyentes quieren todo de Dios sin dar nada de sí mismos. ¡No renuncian al pecado, los vicios, los pasatiempos, el egoísmo, la mentalidad, al tiempo o cualquier otra cosa! No están dispuestos a intercambiar su vida con Dios.
- Los siete niveles de compañerismo son:
    - Tener cosas en común: Dios es nuestro origen, salvador y Padre.

- Estar unidos en pacto y sacrificio: Sin el pacto de compromiso, no hay relación.

- Asociación: Propiedad conjunta de algo en el que todos comparten por igual los beneficios, riesgos y pérdidas.

- Compartir juntos: La vida con Dios y con otros creyentes; compartimos nuestros corazones, inseguridades, temores, alegrías y secretos con Dios, y a su vez Él comparte Su naturaleza, mentalidad, santidad, poder y vida eterna.

- Participación conjunta: En los sufrimientos de Cristo (sufrimientos por la justicia e injusticia).

- Comunión: Es llegar a ser uno con Dios y habitar juntos en intimidad con Cristo resucitado. Nos da identidad y acaba con las inseguridades y miedos.

- Intimidad: Es conocerse mutuamente, por dentro, por lo que uno es, sin filtros ni máscaras, y en total vulnerabilidad.

Notas

1. ["Señales de declive y esperanza entre las mediciones clave de la fe"], Grupo Barna, 4 de marzo de 2020, https://www.barna.com/research/changing-state-of-the-church.

2. Esteban Ortiz-Ospina y Max Roser, ["Matrimonios y divorcios", Nuestro mundo en datos], https://ourworldindata.org/marriages-and-divorces.

3. [Informe sobre la población mundial, "Tasas de divorcio por país en 2022"], https://worldpopulationreview.com/country-rankings/divorce-rates-by-country.

4. Merriam-Webster Dictionary, s.v. "fellowship" ["compañerismo"], https://www.merriam-webster.com/dictionary/fellowship.

Capítulo 5

El propósito del compañerismo

¿Puede un cristiano o la iglesia existir sin compañerismo? ¿Es posible que alguien crezca sin compañerismo? ¿Cuál es el propósito del compañerismo y por qué es tan importante? En este capítulo daremos respuestas a estas preguntas, y conoceremos los propósitos del compañerismo que Dios propone en Su relación con cada uno de nosotros. Como establecimos en capítulos anteriores, el reino de Dios se construye en base a relaciones, las cuales no pueden ser superficiales ni temporales. Deben construirse desde un lugar de pacto, compromiso y sacrificio. Los seres humanos fuimos creados para funcionar en base a relaciones. Esto es tan cierto que muchos jóvenes de hoy, por ejemplo, se unen a las pandillas porque les hacen creer que son una familia. Durante los últimos siglos la experiencia de compañerismo entre cristianos se ha dado mayormente en las reuniones de la iglesia. Sin embargo, un estudio realizado por el Grupo Barna muestra que solo el 41 por ciento de la Generación Z (personas nacidas entre 1997 y 2012) dicen que quieren regresar a la iglesia, en persona, para el final de la pandemia de la COVID-19; y solo el 42 por ciento de los Milenios (personas nacidas entre 1981 y 1996) prefieren la experiencia de la iglesia en persona.[1] Hoy en día, la iglesia está perdiendo el compañerismo.

Los cristianos están familiarizados con la estructura y organización de la iglesia, porque eso es lo que abunda a su alrededor. Por lo general, las iglesias comienzan con una pequeña congregación de creyentes con cierto nivel de relación. En esa etapa, hay una cantidad considerable de compañerismo y, a medida que crecen en número, también se organizan más para llevar a cabo la obra juntos. Sin embargo, lo mismo que trae orden también puede desestabilizar las relaciones cristianas, haciendo que el compañerismo se enfríe. Por ejemplo, a menudo vemos que la organización y la estructura —en lugar de las personas— se imponen como el canal a través del cual el poder de Dios fluye para salvar, sanar, liberar y discipular. Esa es la forma en que la mayoría de iglesias operan hoy en día. No estoy diciendo que la organización sea mala o negativa, pero si con el tiempo se convierte en el agente que controla y restringe el poder de Dios, algo no anda bien. Cuando una organización deja de ser el canal por el que fluye el poder de Dios y, al contrario, comienza a controlar ese poder, se pierde el compañerismo. La iglesia comienza a funcionar como una empresa, y el control será visible porque los miembros de la congregación ya no estarán cercanos el uno del otro. También el Espíritu Santo se apagará en nombre del orden. En los países occidentales, ciertos mecanismos de funcionamiento basados en la organización y la estructura se consideran estándar para la sociedad. Sin embargo, es importante saber que esto no incluye el tipo de relación de compañerismo que Dios exige. Podemos tener una estructura organizativa, pero si la motivación y el propósito no son tener relación con Dios y nuestros hermanos, esta fracasará.

Cuando la gente viene a nuestro ministerio, siente que forman parte de una familia porque las relaciones aquí están presentes y vivas. ¡Trabajamos para que así sea! Desafortunadamente, esto no es así en todas partes. Conocí a un pastor que estableció y construyó una iglesia con una congregación de más de mil personas, levantó un liderazgo e incluso compró un edificio. A medida que crecía su hambre por Dios, quería escuchar más al Espíritu Santo, fluir en milagros y liberación. Entonces, comenzó a escuchar mis enseñanzas; el Espíritu Santo obró y ese pastor comenzó a ver lo que Dios estaba haciendo en él y en su congregación.

Sin embargo, cuando la denominación se enteró, le prohibieron continuar y lo echaron con las manos vacías. Le quitaron el edificio, la gente, todo lo que había construido. Ese pastor entró en una profunda depresión, luego fue diagnosticado con cáncer y murió. La denominación lo destruyó porque estaba más interesada en mantener la organización dentro del grupo, antes que tener una relación con Dios y con el pueblo.

> La estructura y el gobierno de la iglesia deben basarse en el compañerismo; esa es la manera de Dios.

La organización es necesaria, y cuando está bien dirigida es una bendición, porque sabemos que donde no hay orden, hay confusión y caos. Pero el fluir vivo del poder de Dios está en el compañerismo, no en el orden. Esto no es negociable. Una organización bien concebida establece el orden sin extinguir el compañerismo; más bien, se pone al servicio del compañerismo relacional entre Dios, Sus hijos y los creyentes. Este es un tema con el que trato todo el tiempo. Tengo una gran iglesia local y más de quinientas iglesias en sesenta países. Para evitar que la organización esté por encima de todo, desde el principio he establecido una estructura en la que todas las personas a mi cargo están en comunión con Dios, conmigo y con los demás. Por supuesto, no puedo relacionarme directa y estrechamente con miles de personas, por lo que entreno a los líderes para que las cuiden bajo una teología relacional donde el compañerismo es una prioridad.

> Desde el momento en que la organización se convierte en una prioridad, el compañerismo deja de existir.

El Señor Jesucristo no murió por instituciones o edificios religiosos. Murió para restaurar el compañerismo entre Dios y el hombre. Servimos a un Dios orientado a la gente. Por lo tanto, ¿por qué tendría que ser correcto darle prioridad a la organización o la estructura, antes que a los creyentes o al Espíritu Santo? El centro del sacrificio de Jesús fue el amor sobrenatural de Dios. No se puede amar a las personas sobrenaturalmente desde la institucionalización de la iglesia. Si entendemos el propósito del compañerismo, entenderemos su poder y lo que hace.

> La iglesia de los últimos tiempos debe ser una entidad que trabaje en amor y relación.

El propósito del compañerismo

El propósito del compañerismo se puede dividir en las siguientes áreas:

Traer transformación

Después de la caída del hombre, Dios concibió el compañerismo para traer transformación a nuestras vidas y devolvernos a nuestro estado anterior a la caída, donde compartíamos la plena comunión con el Padre. En general, el compañerismo con el Padre nos lleva a experimentar una total transformación espiritual, física, mental y emocional, acompañada de manifestaciones visibles. Esto significa que comenzamos a ser en la tierra, lo que ya somos en el cielo. *"Por tanto, nosotros todos, mirando a cara descubierta como en un espejo la gloria del Señor, somos transformados de gloria en gloria en la misma imagen, como por el Espíritu del Señor"* (2 Corintios 3:18).

> Mientras usted se mantenga en compañerismo con Dios, será continuamente transformado.

En el compañerismo con el Padre, somos cambiados, prosperados y continuamente bendecidos; nos volvemos más amables, gentiles, pacientes, humildes y saludables. Cuando comencé mi ministerio, quería cambiar un área específica en mi vida, pero me resultaba difícil hacerlo por mi cuenta. Hice muchas cosas para deshacerme de ella, pero nada sucedía. Oré, ayuné e incluso sembré, ¡pero nada! Un día, mientras estaba en comunión con Dios, en Su presencia, el Espíritu Santo me llevó a rendir esa área. Ese día morí a mí mismo ante Dios, me entregué a Él en el altar, y sacrifiqué mi carne. Entonces, el Padre vino y me cambió, transformó esa área de mi vida que nada había podido cambiar. ¡En Su presencia, fui totalmente transformado! Me liberó a tal punto que solo me di cuenta meses después, porque ya no respondía a las provocaciones como antes.

Conocer a Dios íntimamente

En el capítulo 2, tratamos el tema del conocimiento de Dios a través de la oración. Esta vida de oración nos lleva a un nivel de compañerismo cuyo propósito es conocerle más íntimamente. Es un ciclo que se retroalimenta, buscando siempre alcanzar los niveles más altos de compañerismo (vea el capítulo 4), que son la comunión y la intimidad. Por lo tanto, podemos explicar el proceso de conocimiento de Dios con la siguiente fórmula: orar = relación = compañerismo = conocimiento íntimo de Dios.

En una relación con otra persona, cuanto más tiempo pasamos con ella, más la conocemos. A medida que compartimos tiempo y desarrollamos confianza, abrimos nuestros corazones, invirtiendo todo lo que somos y tenemos en esa relación. Desarrollamos apego, afecto y amor mutuo. Lo mismo ocurre con Dios; cuanto más tiempo pasamos en comunión y oración con Él, más lo conocemos. Durante ese proceso, lo primero que sale de Dios es el amor, porque esa es Su esencia, y Él nos la imparte. En ese nivel de relación, lo que uno es, en esencia, se contagia al otro. Por eso siento Su amor en mí cada vez que salgo de la comunión con el Padre. Su amor me hace más comprensivo. Amo más a Dios y a las personas, y éste se manifiesta visiblemente.

Una de las marcas de conocer a Dios es amar a nuestros hermanos.

Si usted es joven, debe entender esta revelación del compañerismo para buscarlo con Dios y ser sabio al elegir amigos. Este es el tiempo en el que usted desarrolla amistades que mantendrá quizá por el resto de su vida. Si miramos el mundo de hoy, el compañerismo es un bien escaso. Este mundo está tan desprovisto de amor. La gente está sufriendo y buscando a alguien que los ame. El *New York Post* informa que 1 de cada 5 hombres en los Estados Unidos admite no tener una sola amistad cercana; este número ha crecido del 3 por ciento en 1995 al 15 por ciento; y de aquellos que dicen tener al menos seis amigos cercanos, el porcentaje ha disminuido del 55 al 27 por ciento. Entre hombres y mujeres, solo el 59 por ciento puede identificar a una persona como "su mejor amigo", en comparación con el 77 por ciento en 1990.[2] No somos los únicos que podemos beneficiarnos de esta revelación. Como vemos, el mundo necesita desesperadamente el amor de Dios.

Producir la semejanza de Dios

Una publicación *de Insider* revela que compartir la vida con alguien durante mucho tiempo cambia la forma en que vemos el mundo, la forma en que actuamos y la forma en que pensamos. En situaciones como estas, los psicólogos han observado que entre las parejas (ya sea un matrimonio, una amistad, o unos socios) se genera una mente compartida, que se refleja en cinco aspectos: desarrollan un lenguaje privado, dejan de autocensurarse, comienzan a sonar igual, comienzan a parecerse y comparten un humor propio.³

Parecerse más a la persona con la que compartimos la mayor parte de nuestro tiempo es inevitable. Como seres humanos, siempre hay un deseo innato y una tendencia a ser como nuestros iguales, lo que a menudo se espera. La Biblia dice que eso también ocurre a nivel espiritual. Por ejemplo, las personas que adoran ídolos se vuelven como ellos. *"Manos tienen, mas no palpan; tienen pies, mas no andan; no hablan con su garganta. Semejantes a ellos son los que los hacen, y cualquiera que confía en ellos"* (Salmo 115:7-8). Del mismo modo, cuando tenemos comunión con Dios, llegamos a ser como Él. Al mismo tiempo, Dios desea que nos parezcamos a Él, porque fuimos hechos a Su semejanza.

Como hijos de Dios, somos coherederos del Padre junto con Cristo, lo que significa que somos iguales a Jesús. *"Y si hijos, también herederos; herederos de Dios y coherederos con Cristo, si es que padecemos juntamente con él, para que juntamente con él seamos glorificados"* (Romanos 8:17). Él es nuestro Padre; nosotros somos Sus hijos; y si compartimos la misma relación, tenemos los mismos derechos que Jesús. El compañerismo es el medio por el cual Dios nos imparte Su imagen y semejanza. Veremos esto con más detalle en el próximo capítulo.

Lo mismo sucede entre hermanos. Nos impartimos unos a otros cuando estamos en compañerismo y adquirimos una semejanza. Si vive en compañerismo con Dios, se parecerá a Él en la forma como habla, mira, se mueve, camina, piensa, actúa, ama y más. Si no tiene comunión con Dios, dejará de verse como Él. Se alejará sin saberlo. Mantener la semejanza con quien no tiene compañerismo es muy difícil. ¿Está pasando tiempo en comunión con Dios? ¿Se está pareciendo más a Él? ¿Es Él su prioridad? ¿Con quién pasa usted más tiempo en compañerismo?

Apropiarnos del poder

El poder es su herencia como hijo del Padre celestial. Sin embargo, su uso solo es legal si permanece en relación con *"Aquel que es poderoso para hacer todas las cosas mucho más abundantemente de lo que pedimos o entendemos, según el poder que actúa en nosotros"* (Efesios 3:20). Las relaciones divinas generan poder. Por eso, el diablo trabaja incansablemente para detenerlas. En lo que respecta a Dios, las personas desean el poder que viene de tener relación con Él, pero no anhelan la relación en sí misma. La verdad es que el poder de Dios se transmite a través de la intimidad con Él, aunque también puede ser usurpado (vea Mateo 7:20-21).

Jesús preparó a Sus discípulos para recibir el poder del Espíritu Santo instruyéndoles para que lo esperaran juntos. *"Y estando juntos, les mandó que no se fueran de Jerusalén, sino que esperasen la promesa del Padre, la cual, les dijo, oísteis de mí. Porque Juan ciertamente bautizó con agua, mas vosotros seréis bautizados con el Espíritu Santo dentro de no muchos días"* (Hechos 1:4-5). *"Cuando llegó el día de Pentecostés, estaban todos unánimes juntos. Y de repente vino del cielo un estruendo...Y fueron todos llenos del Espíritu Santo"* (Hechos 2:1-2, 4). El poder viene en virtud del compañerismo que tenemos con el Padre, *"porque Dios es el que en vosotros produce así el querer como el hacer, por su buena voluntad"* (Filipenses 2:13).

La relación con el Padre nos da el poder para actuar como Él y la autoridad para hacerlo en Su nombre. La autoridad es el derecho a ejercer el poder y actuar como y en nombre de otro. Jesús les dio esa autoridad y poder a Sus discípulos: *"He aquí os doy potestad de hollar serpientes y escorpiones, y sobre toda fuerza del enemigo, y nada os dañará"* (Lucas 10:19). Se las dio porque tenía una relación de compañerismo con ellos.

Todos los aspectos del poder de Dios están disponibles a través del compañerismo.

Además, Dios nos ha dado una comisión que solo puede ser cumplida con el poder de conocer a Dios íntimamente a través del compañerismo con Él. Es imposible cumplir la gran comisión en nuestras propias fuerzas, pero conocer a Dios a un nivel íntimo nos lleva a hacer cosas imposibles. Nos hace valientes, audaces y capaces de un amor sobrenatural: *"el pueblo que conoce a su Dios se esforzará y actuará"* (Daniel 11:32). La persona que conoce a Dios íntimamente hará obras poderosas que nunca ha hecho antes, como milagros, señales y maravillas. David, uno de los hombres del Antiguo Testamento que tenía una relación íntima con Dios, sabía esto cuando dijo: *"En Dios haremos proezas, y él hollará a nuestros enemigos"* (Salmo 108:13). ¿Cómo podemos decir que conocemos a Dios cuando no nos atrevemos a orar ni siquiera por un dolor de cabeza?

Yo vivo esto todos los días. Cuando oro en la presencia de Dios, Él me imparte poder para llevar a cabo mi asignación. Cuando tengo comunión con Dios, salgo con una avalancha de Su poder, el cual fue transmitido a mi espíritu en el lugar de oración . Entonces, estoy listo para ir e impartir ese poder, sanando y liberando a las personas que están atadas por espíritus de enfermedad, adicciones, abuso, etc. Cuando hago eso puedo ver personas sanadas, salvadas y liberadas. Incluso he llegado a ver miles de milagros, señales y maravillas, todo en un solo evento.

Antes de darle poder a usted, Dios le pide una relación.

Dar a luz los propósitos de Dios

Así ocurre con las personas y con nosotros. Durante la creación del hombre, Dios dio a luz Su propósito en compañerismo consigo mismo (Padre, Hijo y Espíritu Santo): *"Entonces dijo Dios: Hagamos al hombre a nuestra imagen, conforme a nuestra semejanza; y señoree en los peces del mar, en las aves de los cielos, en las bestias, en toda la tierra, y en todo animal que se arrastra sobre la tierra"* (Génesis 1:26). Durante uno de mis tiempos de compañerismo, Dios me dijo que fuera a Ucrania. No sabía que en ese momento el país estaba en guerra; las bombas explotaban por todas partes y había una gran agitación. Pero el Señor me dijo: "Ve ahora porque la ventana para predicar el evangelio se cerrará". Obedecí y les prediqué a cinco mil jóvenes en un evento único. El Señor me dijo que enseñara, entrenara, empoderara y activara a esos jóvenes porque era la generación que traería avivamiento a esa nación. Mi comunión con Dios me llevó a dar a luz un avivamiento en una nación devastada por la guerra.

Recibí mi llamado, propósito y visión para el ministerio —para estar en Su presencia y dar a luz los planes de Dios— en momentos de oración y comunión con Dios, y con líderes espirituales que profetizaron sobre mi vida. También puedo dar testimonio del mismo propósito para nuestra iglesia local. A menudo, me reúno con los líderes solo para tener compañerismo con ellos, ya sea en un restaurante, en una casa o en el gimnasio. Allí, mientras hablamos, los propósitos de Dios surgen, son dados a luz en esos momentos de compañerismo. A veces son temas personales. Otras veces son temas de la visión, el ministerio, la familia, etc.

Producir oraciones contestadas

Dios desea contestar nuestras oraciones porque Él quiere darnos felicidad. *"Hasta ahora nada habéis pedido en mi nombre; pedid, y recibiréis, para que vuestro gozo sea cumplido"* (Juan 16:24). Hoy en día, tenemos muchos creyentes infelices porque no ven sus oraciones contestadas. Se frustran, pensando que Dios no los escucha o no quiere darles lo que piden. La verdad es que Dios quiere y puede. El problema no es Él. A menudo, los cristianos oramos más por lo que queremos de Dios que por tener relación con Él. Y ahí está el error. A medida que busque a Dios en oración, verá más oraciones contestadas porque ese es, entre otros, el propósito del compañerismo. ¿Cuál es su petición de oración hoy? ¿Familia? ¿Salud? ¿Finanzas? ¿Sus hijos? Dios es su Padre, su fuente de recursos ilimitados. Él tiene todo lo que necesita, ya sea sanidad, gozo, paz, provisión o liberación, y *"En aquel día no me preguntaréis nada. De cierto, de cierto os digo, que todo cuanto pidiereis al Padre en mi nombre, os lo dará"* (Juan 16:23). La única condición que le pide es que tenga compañerismo con Él.

Asimilarnos e integrarnos a Dios

Aunque a primera vista las palabras *asimilar* e *integrar* pueden sonar iguales, desempeñan funciones diferentes en el proceso del compañerismo con Dios. Combinadas, crean una sutil relación de causa y efecto que desbloquea un importante aspecto de la comunión con Dios, que puede cambiar nuestra perspectiva de nosotros mismos y nuestros roles ante Dios. La palabra *asimilar* significa "ser absorbidos en la tradición cultural de una población o grupo; es hacerse similar".⁴ Esto significa que en el compañerismo, somos hechos similares *a* Él. Somos asimilados por Él. Él nos imparte Su cultura, valores e incluso Su persona; a su vez, somos cambiados. Finalmente, después de suficiente asimilación, nos integramos unos en otros. La palabra *integrar* significa "combinarse en uno". Esta es la parte más hermosa del compañerismo con Dios, porque aquí es donde Él nos toma, con defectos y todo, y combina nuestra persona con la Suya para hacer un ser espiritual completo. No hay integración sin asimilación. Por lo tanto, el propósito final del compañerismo es ser absorbido por Dios y llegar a ser uno con Él. Cuando nos integramos con Dios, nos hacemos parte de Él, y Él parte de nosotros.

El propósito de la integración es la igualdad.

Cuando usted se integra con una persona, recibe sus características a través del compañerismo con ella. En la integración con Dios adquiere Su imagen. A diario manifiesta las características de Dios junto con todas Sus virtudes. La intención de Dios, desde el principio, era que el hombre fuese el mismo en el cielo y en la tierra; que dominara y operara en ambos reinos. Por eso le dio dos naturalezas: la humana y la espiritual.

Déjeme darle un ejemplo más terrenal para ilustrar esta revelación. Hoy en día, es posible vivir en un país y no asimilar la cultura, la forma de pensar o la manera de vivir de la gente local. Conozco personas que se han mudado a vivir a Estados Unidos y nunca aprendieron a hablar inglés ni han adoptado las costumbres de esta nación. Como resultado, no se integran a esa cultura. Esto también ocurre en el ámbito espiritual. Una persona puede ser cristiana y no asimilarse a Dios; no piensan ni viven como se hace en el reino de Dios. La causa es la falta de compañerismo con Él; puede que ore, pero no adora ni se entrega por completo; no se deja asimilar por Dios, ni lo asimila a Él. En el compañerismo, cada vez que adoramos a Dios, nos integramos y llegamos a ser parte de Él. Por increíble que parezca, hay muchos cristianos que oran, pero no saben adorar al Padre en espíritu y verdad; nunca llegan a ser uno con Él.

En mi caso, puedo testificar que vivo en compañerismo con Dios, y cuando comienzo el día de esa manera, mi actitud, estado de ánimo, fortaleza, agudeza mental y enfoque están más alineados con Él. Cualquier decisión que tome será buena. Si, por el contrario, hay un día en el que no paso tiempo de compañerismo con el Padre, me siento horrible, irritable y de mal humor. No me siento seguro de tomar decisiones y lo más probable es que tenga que volver a revisarlas más tarde. ¡Ese tiempo de compañerismo con el Padre es tan importante como mi necesidad de respirar!

Conclusión

Su jornada con Dios comienza con un compromiso diario para desarrollar compañerismo y cumplir Sus propósitos. Estos son los propósitos del compañerismo con Dios y lo que debe buscar cada vez que se acerca a Él en oración. Sin embargo, también lo animo a establecer relaciones humanas y amistades que tengan los mismos propósitos. Somos seres sociales creados para relacionarnos. Debemos conocer el alcance de las relaciones que establecemos y la finalidad de cada una, empezando por nuestra relación con el Padre.

Oraciones respondidas

El apóstol Dublas Rodríguez ha sido mi hijo espiritual durante más de veinte años. Él y su esposa han demostrado un crecimiento sostenido a lo largo del tiempo que solo puede atribuirse a su profunda y perseverante relación con el Padre celestial. He podido confiar plenamente al apóstol Dublas numerosas tareas, porque sé que el Padre lo respalda con el poder del Espíritu Santo. A continuación, él comparte su testimonio acerca de su vida de comunión con el Padre.

"Tener una relación cada vez más íntima, profunda y continua con mi Padre celestial es una prioridad y una necesidad, ya que he recibido la revelación de que todo lo que somos y hacemos proviene de nuestra intimidad con Él. Desde que le entregué mi vida a Cristo, muchas cosas han sucedido por buscar estar cada día más cerca de Él. He podido experimentar Su gracia, favor, provisión, protección, sanidad, liberación, poder, fuerza, consuelo, aliento, sabiduría y mucho más. Pero esto no es algo que se pueda experimentar de la noche a la mañana. Debemos aprender que el compañerismo con Dios es un trabajo de toda la vida, una relación que crece, se fortalece y se profundiza con los pequeños gestos de cada día. Por ejemplo, oro todos los días, constantemente, y una de las primeras cosas que hago cuando voy a Su presencia es adorarlo y honrarlo. No importa la situación que esté pasando en ese momento, no importa lo difícil que sea, lo triste, cansado o abrumado que esté, nunca voy a Su presencia para quejarme o hacer otra cosa que no sea primero expresarle el agradecimiento que está en mi corazón por Él, por quién es Él y lo que hace. Ese momento es muy especial para mí porque lo que hago es afirmar a Dios por todo lo que Él significa para mí. Allí, le expreso todo lo que he llegado a saber acerca de Él, la revelación que el Espíritu Santo me ha dado, y lo que he experimentado en comunión diaria con Él. Luego, le presento mi vida, poniéndola voluntariamente en Su altar, pidiéndole que perdone todas mis faltas, humillándome ante Su presencia, sabiendo que como Su hijo, Él siempre me recibe cuando voy con un corazón arrepentido. No pretendo ser perfecto ni mejor que nadie; al contrario, reconozco mi absoluta dependencia de Él, de Su amor, de Su guía, de Su fuerza y sabiduría. Inmediatamente me agarro de la mano del Espíritu Santo, pues según Romanos 8:26, aunque no sepamos pedir como es debido, Él intercede por nosotros. Entonces, aunque tenga cosas que quiera pedir, le doy al Espíritu Santo el derecho de guiarme a orar como Él sabe hacerlo. Como resultado, surgen diferentes tipos de oraciones: Clamor, entrega e intercesión por los demás. En esos momentos, escucho Su voz o hago guerra por una situación que lo exige. En otros casos, Dios me ha dado una palabra que me ha sostenido en un momento determinado en que he tenido que esperar a que se produzca el milagro".

El pastor Michael Rodríguez tiene un testimonio que ilustra poderosamente cómo desarrollar una relación de compañerismo con el Padre, cómo se hace en la familia y cómo se aplica a la vida diaria y al ministerio como estilo de vida.

"He aprendido a tener una relación con Dios a través de la forma como nuestro padre espiritual, el Apóstol Maldonado, hace y enseña. Él siempre ha sido mi inspiración en este aspecto. Como sacerdote en mi hogar, he llevado a mi familia a buscar a Dios como lo más importante. He aprendido el poder de la unidad en la oración al orar en familia. Mi esposa y yo a menudo nos ponemos de acuerdo y ayunamos en comunión por ciertas cosas, y cada vez que lo hacemos, el rompimiento es inmediato. Hemos tenido muchos rompimientos acelerados. Hemos visto la intervención de Dios en numerosas situaciones. Nuestra relación con el Padre nos ha permitido ver Su poder obrando muchas veces al instante. Hemos visto personas ser sanadas y liberadas. Hemos tenido rompimientos familiares, donde mis parientes han venido a los pies de Cristo.

"Personalmente, todos los días me levanto, y lo primero que hago es darle gracias a Dios. Busco Su presencia a través de la adoración y el arrepentimiento de mis pecados. Oro en lenguas para entrar más rápidamente en el reino del Espíritu. Durante todos estos años, he aprendido muchas cosas, aunque también he hecho y aprendido a través de mis errores. Puedo citar dos claves importantes que he aprendido: entrar en la presencia y escuchar al Señor. Podemos orar, adorar y hacer guerra espiritual, pero lo más difícil es tomarnos el tiempo para escuchar lo que Dios quiere decirnos. Antes, oraba mucho y no lo escuchaba. Luego, aprendí que Dios siempre quiere hablarnos, dirigirnos, enseñarnos algo y liberarnos. Cuando le escuchamos, se cierra el círculo del compañerismo con el Padre, y Él le muestra cosas suyas, personales, o le da dirección para su familia. Eso es algo clave para mí porque, en medio de la incertidumbre, Él me da instrucciones para lo que necesito resolver. Esto me ha ayudado a aprender la importancia de escuchar la voz de Dios en la oración, incluso si eso significa estar en silencio. Y cuando Dios me habla, siempre me da instrucciones claras para ponerlas en marcha.

"Otro dato valioso que puedo dar acerca de la comunión con Dios es que no se trata solo de orar por la mañana, sino más bien de una actitud de todo el día. Es orar sin cesar en una actitud permanente de comunión con Él. Siempre he aprendido a tener en cuenta a Dios para todo, y a orar en el Espíritu para que Él sea parte de lo que hago en cada situación. La oración para mí es mostrar una total dependencia del Señor. Todos los testimonios que he dado en el pasado son producto de la oración y de la búsqueda del Señor. Esto resume mi búsqueda del Señor: vivir en comunión con Él, escuchar Su voz, cumplir Su propósito y mucho más. Sin embargo, solo estoy a mitad de camino porque sé que esta búsqueda nunca cesará. Lo buscaré hasta el fin de mis días".

Activación práctica

- Si reconoce que no ha sabido tener una relación de compañerismo con Dios, tanto si es cristiano desde niño como desde hace poco, no tiene por qué seguir viviendo así. La vida cristiana no es una vida de derrota o de conformidad; no es natural, ni está atada a las leyes terrenales. Puede vivir una vida plena en la que vea la mano de Dios obrando milagros en su corazón y en todo lo que le rodea. Le invito a hacer esta oración conmigo:

"Padre Celestial, hoy quiero empezar de nuevo. Reconozco que soy un pecador y que mi pecado me separa de Ti. Hoy, me arrepiento por haber vivido lejos de Ti. Confieso que Jesucristo es el Señor y que Tú lo resucitaste de entre los muertos por el poder de Tu Espíritu Santo. Perdóname y límpiame

para tener una relación de compañerismo contigo. Quiero compartir mi vida contigo y ser asimilado en Ti hasta que podamos ser uno. ¡Amén!"

- Ahora, haga el compromiso de orar durante una hora al día, con el firme propósito de buscar esa relación de compañerismo con el Padre.
- Haga un pacto con Dios para ser asimilado en Él, para que Él traiga transformación a su vida, y siempre pueda tener oraciones contestadas.

Resumen del capítulo

- Los cristianos conocen la estructura y organización de la iglesia, pero no saben tener una relación con Dios. A medida que la congregación crece, la gente comienza a distanciarse y el compañerismo se enfría.
- Una organización sin compañerismo no es de Dios y fracasa. El orden es necesario, pero nunca debe desplazar la relación y cohesión que nos da el Espíritu Santo, y que nos convierte en familia.
- Los propósitos del compañerismo son:
  - **Traer transformación.** Para devolvernos a nuestro estado "anterior a la caída". Solo el compañerismo con Dios nos mantiene en continua transformación.
  - **Conocer a Dios íntimamente.** La fórmula para explicar el proceso de conocer a Dios es: oración = relación = compañerismo = conocimiento íntimo de Dios.

- **Producir la semejanza de Dios** en nosotros, en nuestro carácter, mentalidad, propósito y más. Siempre nos pareceremos más a la persona con la que pasamos más tiempo en compañerismo.

- **Apropiarnos del poder** que Dios nos transmite en la intimidad de la oración. Las relaciones divinas generan poder.

- **Llevar a cabo los propósitos de Dios.** Sus propósitos siempre están relacionados con las personas que nos rodean y con el mundo. No podemos cumplir Sus propósitos si no tenemos comunión con las personas.

- **Producir oraciones contestadas.** Dios responde sobre la base de una relación. Dios está dispuesto y listo para contestar nuestras oraciones, siempre y cuando esta no sea la única razón por la que lo buscamos.

- **Asimilarnos e integrarnos con Dios.** En el compañerismo, somos absorbidos por la presencia del Padre, y Él es absorbido por nosotros. Es un proceso de asimilación e integración mutua cuyo propósito es la igualdad.

Notas

1. Carey Nieuwhof, "3 Estadísticas impactantes que muestran lo rápido, radical (¿y permanente?) que ha cambiado la iglesia desde 2020", https://careynieuwhof.com/3-statistics-that-show-how-quickly-radically-and-permanently-church-is-changing-in-2020.

2. Adriana Díaz, "Los hombres sufren de 'recesión de amigos', ya que el 15% no tiene un solo amigo cercano", https://nypost.com/2021/07/07/friendship-recession-15-of-men-are-without-a-close-pal.

3. Erin Brodwin, "La ciencia dice que estas 5 cosas les ocurren a las parejas que han estado juntas mucho tiempo", 18 de mayo de 2015, https://www.businessinsider.com/couples-have-a-shared-mind-2015-5.

4. *Diccionario Merriam-Webster*, s.v. "assimilate", https://www.merriam-webster.com/dictionary/assimilate.

Capítulo 6

La relación Padre-hijo

En el capítulo anterior, abordamos el tema de la semejanza que adquirimos a medida que profundizamos nuestra relación con Dios a través de la asimilación y la integración con Él. En este capítulo, veremos la máxima expresión de esa semejanza, revelada a través de una relación especial Padre-hijo que todo cristiano necesita recibir. Muchos tienen la revelación de su salvación —de la obra de Cristo terminada en la cruz— pero no tienen la revelación de ser tan hijos de Dios como lo es Jesús.

Comencemos por mirar de cerca la declaración que aparece en el primer libro de la Biblia: *"Dijo Dios: Hagamos al hombre a nuestra imagen, conforme a nuestra semejanza; y señoree en los peces del mar, en las aves de los cielos, en las bestias, en toda la tierra, y en todo animal que se arrastra sobre la tierra"* (Génesis 1:26). La palabra *imagen* en este versículo se traduce de la palabra hebrea *tsélem*, que indica "la semejanza o representación de una sustancia", "una sombra" en el sentido de ser "una imitación de algo" y "un duplicado, semejanza o réplica" de algo o alguien. Todos estos significados implican un énfasis en la apariencia externa. Del mismo modo, la palabra *semejanza* se traduce del hebreo *demuwth*, que significa "similitud de rasgos, forma, figura, y patrón" en el sentido espiritual, físico y moral. Cuando Dios creó a Adán, basó su identidad en Su forma, sustancia y patrón. En él implantó su propio

ADN y linaje sobrenatural. Esa fue la intención inicial de Dios para la raza humana: reproducirse a Sí mismo en un ser que reflejara Su *imagen* y *semejanza* en la tierra. Para Adán, la imagen fue instantánea, pero esa semejanza tendría que ser un proceso continuo. Mientras permaneciera continuamente en comunión con el Padre, se asemejaría a Él.

Aunque Adán fue el primer hijo en llevar el ADN y el linaje de Dios, cuando pecó, ese ADN y linaje fueron alterados severamente. Desde entonces, el hombre ha llegado a parecerse a alguien totalmente distinto. Un mentiroso, ladrón, adúltero, impotente, limitado e ignorante. La semejanza se perdió y la imagen se distorsionó. Las consecuencias de las acciones de Adán provocaron que todos los nacidos en este mundo tengamos que experimentar la liberación de nuestro ADN espiritual. Debemos nacer de nuevo para ser libres de la condición en la que fuimos engendrados, pero una vez que lo hagamos, debemos permanecer en continuo compañerismo con Dios a fin de mantener Su semejanza. Esto solo es posible a través de Jesucristo. Con Su muerte, Él pagó por la liberación de nuestro ADN espiritual y restauró nuestra relación con el Padre. Esa fue la primera parte de Su unción, la misma que Él confirmó cuando dijo *"El Espíritu del Señor está sobre mí, por cuanto me ha ungido para dar buenas nuevas a los pobres; me ha enviado a sanar a los quebrantados de corazón; a pregonar libertad a los cautivos, y vista a los ciegos; a poner en libertad a los oprimidos"* (Lucas 4:18).

Tener compañerismo con Dios es aceptar que Él es su Padre y usted es Su hijo.

Algunas personas tienen dificultades para aceptar esto debido a su turbulenta relación con su padre natural. En algunos casos, esos padres fueron abusivos, otros los abandonaron o maltrataron. Por lo tanto, confiar, rendirse y abrir sus corazones a Dios como Padre es muy difícil para ellos. *Act for Youth* presenta una serie de estadísticas del gobierno y otras organizaciones que demuestran la relación entre la estructura y las relaciones familiares en la actualidad. En cuanto a la estructura familiar, los datos muestran que solo el 66 por ciento de los adolescentes entre 12 y 17 años viven con su padre y madre, el 24 por ciento vive con su madre, el 5 por ciento solo con su padre, y otro 5 por ciento con ninguno de ellos. También muestra que la conexión entre padres e hijos está asociada a varios indicadores de salud. Las relaciones familiares cercanas y positivas que generan una comunicación abierta mantienen a los niños sanos y ayudan a prevenir el consumo de drogas y el comportamiento violento.[1] Esto demuestra lo mucho que el mundo necesita la paternidad de Dios y una verdadera relación con Él.

Jesús, el modelo en la relación Padre-Hijo

Como el Hijo del Hombre y el Hijo de Dios, Jesús vino a modelarnos la relación entre Él y Su Padre. Demostró que es posible ser un hombre y estar en total compañerismo, asimilado e integrado con el Padre celestial. Como vimos en el Capítulo 3, esta relación se desarrolló y se mantuvo a través de la vida de oración de Jesús. Él nos dejó el mismo patrón que usó en Su relación con el Padre mientras estaba en la tierra. Teniendo en cuenta esto, podemos reconocer dos aspectos fundamentales de la relación Padre-hijo: la identidad con el Padre y la igualdad con Jesús.

Identidad

Esta es quizás la mentalidad más difícil de romper entre los creyentes y no creyentes. Me gustaría comenzar con la definición básica de identidad, que es el hecho o estado del ser. Según el diccionario *Merriam-Webster*, la *identidad* es "el carácter o la personalidad distintiva de un individuo".[2] Más concretamente, la *Real Academia Española* define la identidad como "la cualidad de ser idéntico".[3] Este significado se ajusta a la derivación latina *idem*, que significa "[ser] lo mismo". Todo en Dios comienza con el origen y la identidad. Como establecimos al principio de este capítulo, nuestra identidad proviene de la imagen y semejanza de Dios, porque Él nos creó con el propósito de reflejarlo. Así, dado que el concepto de identidad denota la cualidad de ser idéntico a alguien o algo, también podemos decir que somos idénticos a Dios. Es hora de que la iglesia se adentre en la innegable verdad de que somos el duplicado de Dios en la tierra, pues Dios así lo quiso desde el principio cuando creó a Adán. Por haber sido hechos a Su imagen y semejanza, por tener autoridad y dominio para someter y gobernar al resto de la creación, y por tener un canal abierto para acceder directamente al Padre, no hace falta ninguna otra prueba que nos identifique con el Padre.

Como Sus hijos, procedemos del Padre, el creador de todas las cosas. Esto inevitablemente despierta en Él el deseo de tener relación con nosotros. Pero, ¿cómo comienza esta relación Padre-hijo? Todo comienza en la oración.

La vida de Jesús se basó en Su identidad de Hijo y en la relación con Su Padre a través de la oración.

En oración, se nos da revelación de Dios el Padre. ¿Quién es Dios para usted? Jesús enseñó a Sus discípulos que para orar como Él lo hacía, debían tener una relación con el Padre; por eso les mostró que debían comenzar dirigiéndose a Él. *"Vosotros, pues, oraréis así: Padre nuestro que estás en los cielos, santificado sea tu nombre"* (Mateo 6:9). El arte de la oración siempre se basará en la relación con el Padre. Personalmente puedo dar fe de ello, porque la fuerza de mi fe está ligada a quién es Dios para mí. ¡Él es mi Padre!

Si desconocemos la identidad de Dios como Padre, nuestra oración será rutinaria y sin vida.

La palabra *padre* proviene de la raíz hebrea *ab*, que significa "fuente de vida". La expresión más común es *Abba*, que se utiliza como una forma de llamar a un padre con afecto e intimidad. Equivale a la palabra *papi* o *papito*. El diccionario *Merriam-Webster* define *padre* como "fundador", "originador" y "fuente".[4] Padre, es el lugar de origen, donde comienzan todas las cosas, tanto en el ámbito natural como en el espiritual. ¿Cuánto más significado tiene el Padre celestial, que no solo es el originador de todas las cosas visibles e invisibles, sino de toda la humanidad? *"Para nosotros, sin embargo, solo hay un Dios, el Padre, del cual proceden todas las cosas, y nosotros somos para él; y un Señor, Jesucristo, por medio del cual son todas las cosas, y nosotros por medio de él"* (1 Corintios 8:6).

Padre es uno de los nombres de Dios, y está asociado con varios otros aspectos que contribuyen a ese nombre, como ilimitado, infinito, carente de nada, autosuficiente y fuente de vida. Esto no debe llevarnos a pensar que Él es distante e intocable debido a Su naturaleza. Al contrario, Él es un Padre amoroso que provee para Sus hijos en abundancia. Llamar a Dios por el nombre de *Padre* no solo hace que nuestra relación con Él sea más íntima, sino que nos da la promesa de que Él nunca nos abandonará, siempre nos proveerá y cuidará de nosotros, porque *"vuestro Padre celestial sabe que tenéis necesidad de todas estas cosas"* (Mateo 6:32). Podemos decir con confianza que el Dios Todopoderoso, el gran Yo Soy, es nuestro Padre. Por lo tanto, debemos acercarnos a Él así. Jesús no nos dijo que lo llamáramos "Dios, amigo mío", sino *"Padre nuestro"*, porque esta es la revelación que quería darnos y porque constituye la clave para recuperar nuestra verdadera identidad. Cuando ore, asegúrese de tener esta revelación de Dios como su Padre. Mientras lo haga, el diablo no podrá disputarle nada de lo que declare dentro de esa jurisdicción.

Sus necesidades solo comienzan cuando deja de tener compañerismo con Abba.

Si no acepta la revelación de Dios como su Padre, nada cambiará en su vida. Seguirá con las mismas inseguridades, miedo al rechazo y baja autoestima. No podrá alcanzar una relación íntima con Dios porque la inseguridad está anclada en la falta de identidad. En este caso, debe preguntarse como quién se ve usted. ¿Se ve como su Padre o como alguien más? Si logra verse como su Padre, eso lo llevará a ser como Él, actuar como Él y pensar como Él. Lo más importante es creer que usted es igual a su Padre; es creer que el ADN que Él colocó dentro de usted avala la dimensión sobrenatural de Dios dentro de usted y determina el valor total de lo que usted es: un hijo del Padre celestial.

Antes de pasar al siguiente punto, quiero destacar un aspecto fundamental de la revelación de Dios como Padre: la honra. Cuando conocemos nuestra identidad en Dios, le honramos al nivel que Él tiene como nuestro Padre. Debemos saber que el Padre demanda honra como Aquel que tiene preeminencia en la relación. *"El hijo honra al padre, y el siervo a su señor. Si, pues, soy yo padre, ¿dónde está mi honra? Y si soy señor, ¿dónde está mi temor? dice Jehová de los ejércitos"* (Malaquías 1:6). Esta práctica de honrar al Padre comienza en lo natural con nuestro padre biológico o adoptivo. Piénselo, si usted no honra a su padre natural, a quien puede ver, entonces ¿cómo va a honrar al Padre celestial, a quien no logra ver? Cuando usted honra a Dios como su Padre, tiene acceso a Sus recursos ilimitados en cualquier momento.

La honra nos da acceso, privilegios y derechos.

En oración recibimos la revelación de ser un hijo. Una cosa es haber sido creados por Dios, pero otra es ser Su hijo. Un hijo difiere mucho de cualquier otro creyente. Por ejemplo, un hijo mantiene una relación continua y progresiva con el Padre porque sabe que no puede ser considerado hijo sin tener compañerismo con Él. *"Mas a todos los que le recibieron, a los que creen en su nombre, les dio potestad de ser hechos hijos de Dios"* (Juan 1:12). Cuando uno deja de conectarse con el Padre, deja de ser un hijo. Esto podemos verlo en el momento cuando Adán y Eva fueron expulsados del Edén. Su desobediencia lo separó del Padre, y la comunión se rompió de inmediato. Tome como ejemplo su comportamiento al ser descubiertos por Dios luego de caer en el primer pecado. En lugar de buscar Su presencia, ambos *"oyeron la voz de Jehová Dios que se paseaba en el huerto, al aire del día; y el hombre y su mujer se escondieron de la presencia de Jehová Dios entre los árboles del huerto"* (Génesis 3:8). Adán, en lugar de comportarse como un hijo, se comportó como un extraño; porque un hijo conoce su origen y sabe hacia dónde va. La Biblia dice que *"Jesús sabía que el Padre le había dado autoridad sobre todas las cosas y que había venido de Dios y regresaría a Dios"* (Juan 13:3 NTV). Un hijo camina en obediencia al Padre, sabiéndose seguro de que tendrá Su atención cada vez que se dirija a Él. Y lo más importante, un hijo sabe que tiene derechos, privilegios, posesión, dominio y herencia, y los ejerce en la medida de su capacidad. Cuando está en relación y compañerismo con su *Abba*, tiene revelación de su relación íntima con Él, y eso le da acceso a recursos ilimitados de poder, dominio, derechos, privilegios, autoridad, salud y provisión, con poder y autoridad para ejercerlos; tendrá el derecho de ser como Dios y de actuar como Él. Pregúntese, ¿es usted un creyente de Dios? ¿O es un hijo del Padre?

Usted puede ser un creyente o un siervo, pero solo un hijo puede ser heredero.

Igualdad

Al igual que el tema de la identidad, este segundo aspecto es difícil de asumir por los creyentes, pero su rol es fundamental para completar y fundamentar la relación Padre-hijo. La igualdad con Jesús es un nivel verdaderamente profundo de revelación que no se puede fingir. La *igualdad* es el estado de ser igual. Es la conformidad de una cosa con otra en cuanto a su naturaleza, forma, calidad o cantidad. La declaración más grande que Jesús hizo fue: *"Yo y el Padre uno somos"* (Juan 10:30). Esta fue una revelación que los religiosos de la época de Jesús, al igual que los de hoy, no pueden entender. Para ellos, hacerse igual a Dios era una blasfemia. De ahí que *"le respondieron los judíos, diciendo: Por buena obra no te apedreamos, sino por la blasfemia; porque tú, siendo hombre, te haces Dios"* (Juan 10:33). Nadie en el Antiguo Testamento se atrevió a llamarse "hijo de Dios". Es importante entender que Jesús no fue asesinado por Sus milagros, sino por proclamarse Hijo de Dios.

Jesús se refería constantemente a Su relación con Dios porque no podía concebirse a Sí mismo sin involucrar a Su Padre. *"¿No crees que yo soy en el Padre, y el Padre en mí? Las palabras que yo os hablo, no las hablo por mi propia cuenta, sino que el Padre que mora en mí, él hace las obras"* (Juan 14:10). Cuando Jesús declaró: *"Yo soy en el Padre"*, estaba diciendo "Yo soy igual al Padre; por lo tanto, Yo soy el Padre". Como creyentes que salimos de Jesús a través del nuevo nacimiento, somos nacidos del cielo, lo que nos hace hijos del Padre celestial por gracia, tanto como Jesús lo es por naturaleza. *"El Espíritu mismo da testimonio a nuestro espíritu, de que somos hijos de Dios"* (Romanos 8:16). Uno de los puntos fundamentales que separan al cristianismo de las religiones del mundo es la relación fraternal que existe entre los seguidores y su fundador.

La igualdad con Jesús viene con la comprensión de sus derechos como hijo de Dios.

Solo hay una distinción con respecto a la igualdad con Jesús: la prioridad siempre será para el primero. Jesús fue el primero; por lo tanto, Él tiene preeminencia. Nosotros no somos Jesús, sino *como* Él; somos de Su misma clase y especie. Esto establece que *"Él es la cabeza del cuerpo que es la iglesia, él que es el principio, el primogénito de entre los muertos, para que en todo tenga la preeminencia"* (Colosenses 1:18).

La revelación de la igualdad conlleva dos partes: la semejanza con el Padre y el acceso a la herencia del Padre, como iguales a Jesús. *"Y si hijos, también herederos; herederos de Dios y coherederos con Cristo, si es que padecemos juntamente con él, para que juntamente con él seamos glorificados"* (Romanos 8:17). Ser "coheredero" involucra la idea de tener el mismo derecho a la herencia que la otra parte. Si somos coherederos con Cristo, tal como dice el versículo, significa que tenemos el mismo derecho que Él a la herencia del Padre. Somos iguales en derechos. *"En aquel día no me preguntaréis nada. De cierto, de cierto os digo, que todo cuanto pidiereis al Padre en mi nombre, os lo dará"* (Juan 16:23).

¿Puede una persona tener derecho a la herencia o a las oraciones contestadas sin ser un hijo? No, porque el Padre no puede violar Sus principios. Como hijos de Dios, tenemos derecho a pedir lo que necesitamos, con la garantía de que lo recibiremos. Tenemos el privilegio de acceder al Padre en cualquier momento para pedirle cualquier cosa por derecho de filiación; puede ser sanidad, liberación, salvación, protección o provisión. Cuando usted tiene esta revelación, llega a un punto en sus oraciones en el que simplemente agradece a *Abba*, porque sabe que cualquier cosa que haya pedido, Él ya la ha provisto. Tiene la plena seguridad de que ya es suyo. Es imposible orar desde un lugar que no sea la relación Padre-hijo.

Reconocerse como hijo y coheredero es dejar de pedir cosas y tomar posesión de su derecho a la herencia.

Conclusión

Cuando Jesús les enseñó a sus discípulos a orar, *"les dijo: Cuando oréis, decid: Padre nuestro que estás en los cielos, santificado sea tu nombre. Venga tu reino. Hágase tu voluntad, como en el cielo, así también en la tierra"* (Lucas 11:2). Él les estaba explicando que el hogar de Dios está en el cielo, y nuestro trabajo como Sus hijos es establecer un hogar similar en la tierra, a semejanza del Padre. Hacer la voluntad de Dios en la tierra como es en el cielo, es traer el cielo a la tierra. Esto significa que cuando usted adora a Dios como Padre, Él manifiesta Su gloria. Junto con ella vienen las demostraciones sobrenaturales, como milagros, sanidades, liberaciones y transformaciones. Eso es traer el cielo a la tierra.

> El propósito de la relación Padre-hijo es traer la manifestación del cielo a la tierra.

¿Quién es usted? ¿Quién es Dios para usted? Todos debemos tener la revelación de que Él es nuestro Padre, nuestra fuente de vida; que somos Sus hijos, tenemos Su ADN y Su linaje; que nos parecemos a Él, actuamos como Él y tenemos acceso a Él como nuestro *Abba* todos los días. Tenemos derechos, privilegios y autoridad para actuar en Su lugar. Una vez que esto se convierte en una revelación para usted, tendrá la plena seguridad de que todas sus oraciones y necesidades serán contestadas.

Oraciones contestadas

"Mi nombre es Joshua Bayer. Soy un pastor brasileño bajo la cobertura del Ministerio El Rey Jesús en los Estados Unidos. Antes de venir a este ministerio, estaba a punto de ser deportado. Vivía en este país con problemas financieros, matrimoniales, conflictos ministeriales y personales con Dios, debido a todo lo que estaba sucediendo en mi vida. Crecí en una familia cristiana. Mis padres me criaron en la iglesia, pero siempre faltaba algo. Desde que llegué a esta casa, todo cambió. El Espíritu Santo me llevó a nacer de nuevo y aprendí a tener una verdadera relación Padre-hijo con Dios. Esto dio lugar a un torrente de bendiciones. Hoy, tengo una familia. Soy esposo, padre, pastor, padre espiritual y empresario. Dios ha multiplicado mis negocios, y todo surgió de una relación con Él y la revelación de ser Su hijo. A nivel ministerial, sentí un fuerte llamado a orar por la gente. Me dolía mirar a una persona enferma y no hacer nada al respecto. Sin embargo, no había sido equipado ni entrenado para esto; tampoco tenía la cobertura espiritual para hacerlo. En una ocasión, llevé a los jóvenes de nuestra iglesia a recibir en un servicio de jóvenes en el El Rey Jesús. Los dejé en el altar y me fui al fondo del salón detrás de unas gruesas cortinas, para poder escuchar el servicio sin estorbar a los jóvenes. Mientras ellos adoraban, sentí la presencia de Dios y comencé a danzar y cantar. De repente, una voz me dijo: "¡Detente!" Pensé que era un trabajador de la iglesia. Miré a mi alrededor, pero no vi a nadie. Cuando volví a la adoración, la voz volvió a sonar, pero más fuerte, "¡Detente!" Miré una vez más y no vi a nadie. La voz fue clara la tercera vez, y supe que era el Espíritu Santo. Cuando le pregunté por qué me estaba diciendo que dejara de hacerlo a pesar de que lo estaba adorando, me dijo que lo estaba diciendo porque no estaba adorando con la revelación correcta. Me dijo que muchas personas enfermas iban al altar, pero que yo no estaba orando por ellas porque estaba más preocupado por mi reputación. Allí, Él comenzó a ministrar mi vida. Entendí que necesitaba una relación más íntima con mi Padre para estar lleno de Su poder y osadía. Cuando regresé a mi iglesia local, comencé a llamar a la gente que necesitaba recibir un milagro de Dios. La gente pasaba y era sanada sin siquiera ser tocada. La unción estaba sobre nuestra casa. Dios se dio a conocer como mi Padre y me dio identidad como hijo y coheredero de Su poder. Hasta el día de hoy, Dios ha obrado milagros en los ciegos, los sordos y los paralíticos. Hoy en día, nuestro ministerio es conocido por practicar el poder sobrenatural, y realmente podemos ver el fruto de conocer a Dios en esta nueva dimensión".

Glenda Jackson es una gran profeta de Dios que el Padre ha provisto para mi vida, familia y ministerio. Como hija del Padre celestial, ella es un gran ejemplo de cómo tener una relación íntima con Dios. Él le habla constantemente en sus oraciones, y sus palabras proféticas desatan bendición en la vida de la gente, además de provisiones, milagros creativos, palabras de conocimiento, mensajes específicos y profecías personales, ministeriales, nacionales y globales. Sin embargo, todo su fruto nace de una relación personal e íntima con el Padre. Este es su testimonio:

"Me llamo Glenda Jackson. Crecí en un hogar cristiano. Mi padre era evangelista durante la década de 1950, una época en la que vimos numerosos milagros. Cuando tenía seis años, Dios me sanó y le entregué mi vida a Él. A esa edad mi madre me enseñó a orar y estudiar la Biblia. Sin embargo, no fue hasta que tenía ocho años —cuando tuve una visión del rapto y vi a Jesús en las nubes— que le dediqué mi vida. A medida que fui creciendo, recibí la revelación de Dios como mi Padre, y Él me mostraba Su dulce cuidado, desarrollando una verdadera y amorosa relación con Él.

"En mi experiencia, una relación con el Padre es algo que uno debe perseguir y preservar con todo su corazón, porque el enemigo constantemente intenta atacar esa relación. Como Sus hijos, debemos orar para que Dios nos dé hambre de Él. En mi caso, Dios me dio hambre de Su Palabra, de lo sobrenatural y todo lo relacionado con Él. Desde entonces, esa hambre nunca cesó. Hasta el día de hoy ha seguido creciendo, al punto de que lo he visto a Él y a Sus ángeles en visitación. Esto solo se consigue si uno permanece hambriento de Dios y le da prioridad para convertirlo en su mejor amigo, más que a cualquier otra persona. Él es mi primer amor y nunca ocupará el segundo lugar en mi vida. Cuando era más joven, cuanto más hablaba con Él, más iba a la iglesia y más dejaba de importarme el mundo. Solo quería que la gente se salvara. Recuerdo que la gente se burlaba de mí, pero no me importaba. Evangelizaba en la escuela, en la tienda de comestibles y en diferentes lugares. No compraba en la tienda si me encontraba con personas que necesitaban sanidad o ayuda. Oraba por la gente, y debido a que tenía una relación tan cercana con Dios el Padre, Él me respaldaba y ellos eran sanados. Recuerdo haber profetizado sobre la gente en la calle. Iba a los parques a repartir volantes y a evangelizar. Había algo dentro de mí que crecía, y que me mantenía en fuego por el Señor.

"Establecer este tipo de relación lleva tiempo. Sé que algunas personas no lo entienden, pero una vez que lo haces, el Señor se abre a ti, y después de eso nunca más eres el mismo. Él te lleva a la Biblia, te enseña y te hace amar el evangelio. Comienzas a tener visiones acerca de Él. Se convierte en la persona más interesante e importante para ti. Después de recibir esa revelación, mi objetivo era ayudar a la gente —especialmente a los jóvenes, pero también a todos los demás— conocerle, estar en fuego por Él y verle como algo más interesante que las películas. Porque es cierto, ¡Él es más interesante que Hollywood! No es un cuento de hadas. Es la persona más interesante que he conocido en mi vida. Es muy emocionante esperar a que el Señor me hable cada día, y no me atrevo a irme a dormir sin hablar con Él al menos una vez.

"Así es como luce para mí un día típico de comunión con Dios: Todas las mañanas me levanto temprano, a las cuatro o cinco de la mañana, y empiezo a alabar a Dios. Lo primero que hago es adorarle. Adoro al Padre y a Jesús, diciéndoles cuánto los amo y los adoro. Lo hago hasta que Su presencia entra en la habitación. Entonces, mi oración en lenguas toma el control, y empiezo a orar sin parar. Luego, tomo mi Biblia, la abro y espero en Su presencia a que Él me hable. Es muy importante hacer esto. Espere a que Él le hable, porque sé que lo hará. He hecho de esto un patrón. A veces, Él me habla internamente; otras veces, escucho una voz externa, pero la reconozco como Su voz. Se convierte en una conversación de ida y vuelta. El Señor me habla y yo también le hablo a Él. Pero primero guardo silencio. Me quedo quieta y escucho para recibir Su respuesta. Entonces, Él comienza a descargar Sus pensamientos en mi espíritu. Él habla y me da revelación de Su Palabra. Hay días en los que paso horas así. Luego, por la noche, busco a Dios de nuevo. Repito el mismo proceso, alabándolo, adorándolo y orando de nuevo. Le pido al Espíritu Santo que traiga a mi corazón a las personas que necesitan oración, y cuando Él lo hace (ya sea el apóstol, la iglesia u otras personas), empiezo a interceder por ellos. Así es como pasa cada día en mi vida, y no es para nada aburrido, porque cuando ves a Dios como tu Padre y amigo, la relación se vuelve tan natural que es imposible cansarse de tener comunión con Él cada día".

Activación práctica

- Si todavía tiene dificultades para orar a Dios como su Padre, o si no ha recibido la revelación de su condición de hijo de Dios, por favor ore conmigo:

"Padre nuestro, que estás en los cielos, adoro Tu nombre, y recibo en mi vida la revelación de Tu paternidad y mi identidad de hijo ante Ti. Tú eres mi Padre, me amas, me hiciste con Tus manos y me diste Tu imagen y semejanza. Tú eres mi origen. Estoy seguro de que vengo de Ti y un día volveré a Ti. Tengo Tu identidad porque me hiciste idéntico a Ti. Yo soy Tu hijo, como lo es Jesús; por lo tanto, soy coheredero con Él de todo lo que tienes como Padre. Hoy recibo esta revelación por la obra del Espíritu Santo, y me comprometo a buscarte más para profundizar nuestra relación Padre-hijo. Dame la gracia de entregarte mi vida más y más cada día, muriendo a mi vieja naturaleza, para estar en la tierra como Tú me creaste en el cielo. Oro y declaro mi identidad como Tu hijo, en el nombre de Jesús. ¡Amén!"

- Siga escribiendo sus experiencias de oración, como hijo o hija del Padre.

- Comience una sección de oraciones contestadas y escriba todas las oraciones que Dios le ha respondido y las que todavía está esperando que Él responda. No importa si es algo pequeño o grande. Si Dios ha obrado, es un fruto de su relación con Él.

- Comparta esta revelación con otros para que también ellos puedan recibir la revelación de la paternidad de Dios sobre sus vidas.

Resumen del capítulo

- Desde el principio, Dios se propuso hacer al hombre a Su imagen y semejanza.
- Una *imagen* es "la semblanza o representación de una sustancia", "una sombra" en el sentido de ser "una imitación de algo" y "un duplicado, semejanza o réplica" de algo o alguien. La imagen se centra en la apariencia externa de una persona o cosa.
- *Semejanza* es la "similitud de rasgos, forma, figura, y patrón" en el sentido espiritual, físico y moral.
- Cuando Dios creó a Adán, basó su identidad en su forma, sustancia y patrón.
- Jesús es el modelo de la relación Padre-hijo.
- La relación Padre-hijo se fundamenta en la identidad con el Padre y la igualdad con Jesús.
- La identidad es la cualidad de ser idéntico. Nuestra identidad proviene de la imagen y semejanza de Dios el Padre; por lo tanto, fuimos hechos idénticos a Dios.
- Honrar a Dios como nuestro Padre nos da acceso ilimitado a Él como fuente.
- La revelación del Padre y de ser hijo se reciben a través de la oración.
- Jesús es igual al Padre, y nosotros somos iguales a Jesús, lo que nos hace coherederos del Padre junto con Él.
- La igualdad con Jesús nos da el poder de que nuestras oraciones sean contestadas.

Notas

1. Oficina del Censo de los Estados Unidos, "Familias estadounidenses y modos de vida: 2018: Niños", Noviembre, 2018, https://www.census.gov/data/tables/2018/demo/families/cps-2018.html.

2. *Diccionario Merriam-Webster*, s.v. "identity [identidad]", https://www.merriam-webster.com/dictionary/identity.

3. Real Academia Española, s.v. "identidad", https://dle.rae.es/identidad.

4. *Diccionario Merriam-Webster*, s.v. "father [padre]", https://www.merriam-webster.com/dictionary/father.

Capítulo 7

Intimidad con Dios

Dios diseñó al hombre para que tuviera intimidad con Él, por eso el corazón del hombre siempre anhela esa intimidad, tal como sucede en una pareja casada. La Biblia usa el matrimonio entre un hombre y una mujer como un ejemplo de la unión entre Cristo y la iglesia, porque expresa el más alto nivel de intimidad, ya que incluye todos los ámbitos: físico, emocional y espiritual. *"Por esto dejará el hombre a su padre y a su madre, y se unirá a su mujer, y los dos serán una sola carne. Grande es este misterio; más yo digo esto respecto de Cristo y de la iglesia"* (Efesios 5:31-32). Un estudio realizado por el *Survey Center on American Life* (Centro de Investigación sobre la Vida en América) afirma que el 85 por ciento de los hombres casados dependen de sus esposas para recibir apoyo emocional y personal, y el 72 por ciento de las mujeres casadas recurren a sus maridos para obtener ese mismo tipo de apoyo.[1] Dios diseñó el matrimonio para que sea íntimo, le trajera placer tanto al hombre como a la mujer, y reprodujera la raza humana. Sin embargo, esa intimidad natural que compartimos con otros es solo un preámbulo de la intimidad con la que fuimos creados a fin de compartir con Dios.

La intimidad es el nivel más alto en cualquier relación natural o espiritual. Por lo tanto, el objetivo supremo en nuestra relación con Dios, al igual que con nuestro esposo o esposa, debe ser lograr la intimidad.

Un artículo publicado por la revista *Psychology Today* —conocida por sus estudios sobre el comportamiento humano— afirma que cuando esto no se consigue, la pareja pasa de la ilusión a la desilusión, y lo que sigue es la confusión.[2] Lo mismo ocurre con Dios. Por varias razones, la mayoría de los creyentes no alcanzan un nivel íntimo de comunión con Dios. En parte se debe a que no son conscientes de esta revelación, pero sobre todo porque no están dispuestos a desnudar su corazón, su alma y su mente en Su presencia. Ya sea por miedo o por falta de conocimiento, la duda es casi siempre esperada a la hora de exponernos. Esto se debe a que la base de la intimidad entre las personas es la eliminación de todo misterio, pues nos empuja a ser transparentes. Nuestra relación con Dios no es una excepción. A Él no podemos ocultarle nada, ni Él tampoco lo hace. Por lo tanto, nos encontramos desnudos ante Dios, y Él también con nosotros, como lo estaban Adán y Eva en Edén. Además, es en la intimidad donde nos encontramos con Dios cara a cara y tenemos una experiencia de corazón a corazón. Ese es el lugar de Su presencia, donde Él nos abre Su corazón, y simultáneamente nosotros abrimos el nuestro. Estar cara a cara con Dios significa verlo tal como es, amarlo y honrarlo con nuestra adoración. Moisés compartió una relación sumamente íntima y personal con Dios. Por eso dice la Escritura que *"nunca más se levantó profeta en Israel como Moisés, a quien haya conocido Jehová cara a cara"* (Deuteronomio 34:10). La intimidad *es* posible para todos los creyentes. Jesús se aseguró de que así fuera cuando eliminó con Su sangre la barrera del pecado. *"Así que, hermanos, teniendo libertad para entrar en el Lugar Santísimo por la sangre de Jesucristo"* (Hebreos 10:19), tenemos acceso a Su rostro y a Su presencia. Solo tenemos que estar disponibles para Dios.

En el concepto de matrimonio que Dios diseñó, se pueden encontrar los siete niveles de compañerismo que vimos en capítulos anteriores, donde la intimidad es el más alto nivel. Cuando un hombre y una mujer se conocen por primera vez y sienten una atracción mutua, no tienen intimidad de inmediato. Más bien, comienzan una amistad y gradualmente desarrollan una relación en la que empiezan a conocerse. Esta etapa de la relación se llama "noviazgo". Dura el tiempo necesario para que ambos sepan si es la voluntad de Dios y si están en condiciones de profundizar esa relación. Una vez de acuerdo, los novios hacen un pacto matrimonial, un compromiso de relación para toda la vida que se sella con el acto sexual. En este acto confluyen todos los niveles de relación desarrollados a lo largo del tiempo de noviazgo, y se consuma la más profunda intimidad entre dos personas que ahora se conocen, se aman, se respetan y quieren convertirse en uno. Hoy en día, los matrimonios saben mucho sobre el sexo, pero poco sobre la intimidad. El mismo artículo publicado por *Psychology Today* analiza el "mal" de las relaciones modernas. Dice, por ejemplo, que "las parejas no han aprendido cómo mantener de manera fiable el placer en las relaciones íntimas". Que "nuestro talento cultural para el comercio ha separado el sexo de la intimidad. La intimidad abarca la cercanía y la apertura, tanto emocional como física. Pero acabamos confundiendo estas dos cosas y nos sentimos traicionados y utilizados cuando —como ocurre a menudo— no conseguimos satisfacer nuestra necesidad de cercanía en el sexo".[3]

Algo parecido está ocurriendo últimamente con las cosas de Dios. Por ejemplo, acudimos a las reuniones cristianas con nuestras necesidades personales en mente, pero tendemos a dejar a Dios fuera al no devolverle el gesto, dejando así Sus deseos insatisfechos. Digamos que usted recibió el milagro por el que había estado orando, pero debido a que su adoración fue mecánica o hecha por obligación, según su gusto personal, y no pensando en Él, Dios se quedó sin nada. En casos como estos la pregunta que se impone es: ¿Ama usted a Dios por lo que Él es? ¿O solo lo ama por lo que Él puede darle?

La iglesia del siglo XXI ha puesto a Dios en un marco de tiempo en el que Dios debe obrar en cuestión de minutos. Nosotros mismos hemos producido esa mentalidad. Le decimos a la gente: "Venga a la iglesia para que le satisfagan sus necesidades" o "Venga por su milagro". No los invitamos a buscar a Dios en espíritu y verdad. Esto lleva a muchos cristianos a juntarse con Dios pero no a intimar con Él. Esto es muy parecido a la actividad de una prostituta. No conocen a su cliente, pero tienen relaciones sexuales con ellos por dinero. Asimismo, hay gente que trata a Dios como una prostituta, porque solo lo buscan cuando tienen necesidades, le pagan con su ofrenda y regresan a su vida normal, sin volver a pensar en Él. La intimidad en cualquier relación produce el deseo de complacerse *mutuamente*. Nadie puede esperar alcanzar la intimidad sin antes desearla. Cuánto más con Dios. Podemos cantar canciones, venir al servicio dominical mecánicamente y calentar un asiento, pero Él no estará complacido, a menos que lo deseemos genuinamente. Podemos sentir que hemos hecho nuestro trabajo con esos actos poco sensatos, pero la intimidad no es un trabajo; es un placer, un deseo mutuo. ¿Cómo podemos tener intimidad con Dios si no la deseamos?

El término bíblico para la intimidad es "conocer". Este verbo se refiere a la relación sexual, la conexión más profunda en espíritu, alma y cuerpo que puede darse entre un hombre y una mujer. En hebreo, la palabra que la Biblia usa para describir este nivel de relación, es *yadá*, que significa "intimidad" o "conocerse íntimamente". En griego, hay dos palabras para describir el concepto de conocer. Una es *gnosis*, que significa "conocimiento mental", "teoría" e "información". La otra palabra es *epignosis*, que implica conocer algo por la práctica; significa "tener una experiencia con" o "conocer interiormente a una persona".

Pablo dice que la *epignosis* del amor de Cristo supera la *gnosis*. Por eso, quería que sus discípulos en Éfeso experimentaran el amor de Dios: *"[Para que lleguéis] a conocer [prácticamente, a través de la experiencia personal] el amor de Cristo que supera con creces [el mero] conocimiento [sin experiencia], para que puedan ser llenos [en todo vuestro ser] de toda la plenitud de Dios. [Para que tengáis la más rica experiencia de la presencia de Dios en vuestras vidas, completamente llenos e inundados de Dios mismo]"* (Efesios 3:19 AMP). Conocer el amor de Cristo (conocer a Dios) es experimentarlo, no estudiarlo. No importa cuántos libros haya leído ni cuántos títulos académicos tenga; si no tiene una experiencia práctica con Dios, no lo conocerá íntimamente. Por lo tanto, la meta de cada creyente debe ser *conocerlo*, no en términos de teología, porque la teología sin experiencia no tiene valor. Si no ha tenido un encuentro con Cristo como su Señor y Salvador, puede terminar en el infierno, sin importar cuánto conocimiento mental tenga de Él. La consistencia de la vida eterna se encuentra en el conocimiento práctico y vivencial del Padre. *"Y esta es la vida eterna: que te conozcan a ti, el único Dios verdadero, y a Jesucristo, a quien has enviado"* (Juan 17:3). Por lo tanto, la motivación adecuada para la oración es conocerlo íntimamente. Debemos desear experimentar a Dios ahora, *"a fin de conocerle, y el poder de su resurrección, y la participación de sus padecimientos, llegando a ser semejante a él en su muerte"* (Filipenses 3:10).

En este proceso de desarrollo de la intimidad con Dios, algunas señales pueden indicarnos si lo conocemos íntimamente o no. La primera es que guardamos sus mandamientos. *"Y en esto sabemos que nosotros le conocemos, si guardamos sus mandamientos. El que dice: Yo le conozco, y no guarda sus mandamientos, el tal es mentiroso, y la verdad no está en él"* (1 Juan 2:3-4). La segunda evidencia es que no pecamos. No obstante, todos estamos en un proceso constante de santificación. Por eso, no quiero decir que ya no pecamos del todo. Lo que intento decir es que el pecado ya no es un estilo de vida, pues *"Todo aquel que permanece en él, no peca; todo aquel que peca, no le ha visto, ni le ha conocido"* (1 Juan 3:6). La tercera evidencia es que amamos a Dios. Toda persona que conoce a Dios lo ama y ama a los demás. *"El que no ama, no ha conocido a Dios; porque Dios es amor"* (1 Juan 4:8). ¿Hay en su vida evidencias de que conoce a Dios? ¿Guarda usted Sus mandamientos? ¿Camina usted en santidad? ¿Camina en amor?

Propósitos de la intimidad

Como todo lo que Dios demanda de nosotros, la intimidad tiene propósitos claros que siempre tienen el potencial de bendecirnos. En el caso de la intimidad con nuestro Padre, estos son los principales propósitos:

Recibir revelación

Cuando alguien me dice que tiene intimidad con Dios, pero no tiene revelación de Su voluntad o Sus planes, sé que eso no es verdad. La intimidad trae revelación de la verdad de Dios acerca de Él y Sus misterios. Podemos conocer verdades acerca de Dios porque las hemos escuchado en prédicas, pero no tienen vida en nosotros, porque la vida verdadera se concibe a través de la intimidad. Algunas personas dicen verdades, pero son verdades muertas, porque son teorías, no experiencias. Hablan de verdades que han oído, pero que no se les han revelado; por lo tanto, son verdades que no pueden demostrar. En cambio, en la intimidad con Dios, las cosas ocultas se revelan. Estar en la presencia de Dios expone la verdad porque Dios mora en la luz. Esto significa que, en la intimidad con el Padre, debemos ser transparentes, honestos y sinceros; no podemos ocultarle nada. Él nos ama con lo bueno y lo malo, pero no puede tener intimidad con lo oculto. *"La comunión íntima de Jehová es con los que le temen, y a ellos hará conocer su pacto"* (Salmo 25:14).

La intimidad garantiza la revelación de Dios y de Su palabra.

Conocer a Dios es mi máxima aspiración y honra. Mi mayor pasión es llegar a conocerlo íntimamente. No me contento con tener una relación superficial con Él. Quiero una relación íntima y estrecha, en la que Él me revele Sus planes y Su voluntad. Cuando Dios quiso destruir Sodoma y Gomorra *"dijo: ¿Encubriré yo a Abraham lo que voy a hacer?"* (Génesis

18:17). Cuando usted tiene una relación estrecha e íntima con Dios, Él le dice cuándo y dónde actuará; incluso le muestra lo que la gente está tratando de hacerle.

> **Intimidad es el lugar de Dios en el que nada permanece oculto, donde Dios nos permite ver y conocer.**

Concebir los propósitos de Dios

Así como en la intimidad sexual se produce la concepción de un nuevo ser humano, lo mismo ocurre cuando tenemos intimidad espiritual con Dios. Allí se conciben Sus planes y lo que Él quiere dar a luz en la tierra. Esto quiere decir que la intimidad con Dios siempre dará frutos visibles, cargados con el poder de Su vida. La intimidad que usted tenga con Dios producirá frutos, y frutos que perduren.

El propósito de la intimidad es la procreación, en la que la vida de Dios es creada e impartida.

Hay dos tipos de nacimiento: el que nace de la carne y el que nace del Espíritu. Las cosas nacidas de la carne no producen nada espiritual; igualmente, las cosas nacidas del espíritu no producen nada carnal. Para que algo nazca del Espíritu, necesitamos primero esa intimidad con el Padre, *"porque todo lo que es nacido de Dios vence al mundo"* (1 Juan 5:4). Hay algo que el enemigo no puede tocar: el propósito, la visión y el llamado, que son concebidos en la intimidad con Dios. Cada vez que tengo tiempo personal con Él, siempre me imparte algo nuevo.

El propósito final de la intimidad es ser fructífero en todos los aspectos de la vida.

Producir confianza

Una premisa fundamental en la vida es poder confiar en una persona con la que se tiene una relación genuina. Confianza es una palabra de pacto que incluye y demanda una relación cercana, cultivada y probada. Para que usted confíe en Dios, primero debe conocerlo, y viceversa; para que Él confíe en usted, usted debe haberse conocido con Él en la intimidad. Las personas que tienen intimidad con Dios no luchan por confiar en Él; les resulta natural, porque esa confianza fue cultivada en la relación. Aquellos cristianos que luchan por confiar en Dios, que quieren tener fe pero siguen dudando, es porque no conocen al Padre en la intimidad. Asimismo, los que quieren ser usados por Dios, pero no tienen Su respaldado, es porque no tienen intimidad con Él. Como el Padre no los conoce, no puede depositar Su confianza en ellos.

Separar a la novia

Jesús viene en busca de una novia, no de una prostituta. Él no viene por una iglesia que lo busca solo cuando tiene necesidad de algún milagro, que no tiene una relación estable, exclusiva e íntima con Él. El hecho de que sea miembro de una iglesia, predicador de la Palabra, que use el poder de Dios para hacer milagros, o que sea un profeta, no significa que conoce a Dios. En la parábola de las diez vírgenes, las cinco que se quedaron sin aceite para sus lámparas recibieron una respuesta muy dura del novio cuando finalmente llegaron a la puerta del lugar donde se celebraba la boda. *Mas él, respondiendo, dijo: De cierto os digo, que no os conozco"* (Mateo 25:12). Sencillamente, cuando el novio vino por las vírgenes, las cinco insensatas carecían de intimidad; por lo tanto, se quedaron fuera.

Lo mismo dijo Jesús cuando se refirió a aquellos que usan Su poder sin tener intimidad: "*Muchos me dirán en aquel día: Señor, Señor, ¿no profetizamos en tu nombre, y en tu nombre echamos fuera demonios, y en tu nombre hicimos muchos milagros? Y entonces les declararé: Nunca os conocí; apartaos de mí, hacedores de maldad"* (Mateo 7:22-23). Los milagros que obraron fueron gracias a los principios del reino, no por la intimidad. Yo he obrado miles de milagros, pero reconozco que cada uno fue producto de mi íntima relación con Dios. Lo amo y lo deseo; no por Su poder, sino por quién es Él. Su poder fluye a través de mí como consecuencia de mi intimidad con Él, porque soy Su hijo y Él es mi Padre. Su poder es mi herencia y mi derecho. Lo uso con la autoridad legal que me da el hecho de ser Su hijo y de vivir en relación con Él, de buscarlo y honrarlo cada día de mi vida. Soy parte de esa novia que Cristo viene a buscar, que está en relación con Él, que lo ama y conoce íntimamente.

Cómo desarrollar intimidad con Dios

Después de aprender todo lo anterior, algunos todavía se preguntarán cómo desarrollar una relación íntima con Dios, donde existan el deseo y el placer mutuos. Les daré algunos secretos basados en mi intimidad con el Padre celestial.

Adore

La adoración es la base de la intimidad y está diseñada para llevarnos a la presencia del Padre. Cuando adoramos a Dios, al principio lo haremos desde lo natural; empezamos por decirle lo que Él es para nosotros (con música, palabras, cantando o danzando). Cuando el Espíritu de Dios comienza a responder, esa adoración se traslada al plano espiritual; entonces entramos a la presencia del Señor. Allí comenzamos a tener comunión e intimidad con Él. Su vida de oración siempre debe comenzar adorándolo, porque ahí es donde Dios se revela a Sí mismo.

> La adoración es el acto de someternos a la voluntad de Dios; esto hace que Él se nos revele.

La adoración prolongada suele ser aburrida para quienes no buscan intimidad con Dios o no buscan agradarlo, sino alcanzar Su favor para conseguir un milagro. La adoración, para estos últimos, es apenas una formalidad. Cuando se tiene intimidad con Dios, el tiempo no significa nada. La adoración puede ser eterna, porque su espíritu está conectado al Espíritu de Dios. En adoración, el tiempo deja de existir. Un verdadero adorador adorará a partir de esta revelación. *"Mas la hora viene, y ahora es, cuando los verdaderos adoradores adorarán al Padre en espíritu y en verdad; porque también el Padre tales adoradores busca que le adoren. Dios es Espíritu; y los que le adoran en espíritu y en verdad es necesario que adoren"* (Juan 4:23-24).

Hay un lugar en la intimidad donde nada más importa sino Dios. He vivido esos momentos de intimidad en los que sé que estoy en Su presencia y soy uno con Dios. Siento que Su amor llena mi corazón, y le entrego todo mi ser. En ese momento Él se convierte en mi realidad absoluta. Es tan real que a veces le digo: "Señor, sé que Tú estás aquí. Te doy gracias por Tu presencia". Todo lo que deseo es amarlo, tener intimidad con Él. A veces, pasan las horas y sigo adorándolo sin cesar. Su presencia aumenta más, hasta que termino llorando ante Él. La mayoría de los encuentros sobrenaturales que he tenido con Dios han sido en la intimidad. Siempre que tengo intimidad con el Padre, termino en un estado de quebrantamiento, de mayor deseo y hambre por Él. El resultado es que salgo cambiado e influenciado por el peso de Su presencia. Se nota incluso en mi voz. Muchos dicen que mi voz cambia, porque proyecta un mayor peso y autoridad. Las palabras que pronuncio penetran los corazones de las personas, porque es Dios mismo quien les habla.

Invierta tiempo de calidad

Cualquier relación que no incluya tiempo de calidad será una relación de conveniencia, activada o perseguida solo por necesidad o por compromiso y, por lo tanto, no es íntima. Los creyentes de esta generación no quieren invertir tiempo en su relación con Dios o con Su pueblo. En verdad, necesitan entender que lo único que perdura es aquello en lo que se invierte tiempo. Si quiere un matrimonio que dure mucho tiempo, invierta tiempo de calidad. Si desea una relación duradera con Dios, su familia, hijos y amigos, invierta tiempo en ellos.

Haga un compromiso

Yo elijo tener intimidad con Dios, diariamente, porque me he comprometido a darle a esta relación el primer lugar en mi vida. Las primeras horas del día se las dedico al Señor. No salgo de casa sin tener mi tiempo de oración. Además, durante el día alimento esa relación permaneciendo en un espíritu de oración, obediencia, honra y constante comunicación. Siempre estoy disponible para Dios, en cualquier momento. A veces, paso el día orando, ayunando o estudiando la Palabra. No puedo vivir sin intimidad con Dios. Sin ella nada soy y nada puedo hacer.

Conclusión

El punto más importante que quiero que se lleve de este capítulo es que Dios busca tener relación íntima con usted. Él no quiere nada casual, temporal o superficial. El cristianismo no termina con recibir a Jesús como su Señor y Salvador, y apartarse del mundo. Eso está bien, pero es solo el comienzo. Muchos se quedan allí, como el pueblo de Israel, vagando por el desierto sin entrar en la Tierra Prometida. Hoy, la Tierra Prometida es la presencia de Dios; es conocerlo íntimamente, es perseverar en la revelación de Su persona, de Sus verdades y Sus misterios; es concebir Sus planes, producir confianza y llegar a ser una parte de la esposa que Cristo vendrá a buscar. El desafío es profundizar en su vida de oración a través de la adoración, invirtiendo tiempo de calidad y comprometiéndose a desarrollar y profundizar esa relación íntima con Dios. ¡Ese es el reto! ¿Lo aceptará?

Oraciones contestadas

Nuestro ministerio tiene iglesias bajo cobertura en muchas ciudades y países alrededor del mundo, como fruto de nuestra relación con Dios y la obediencia a cada instrucción, plan y voluntad que el Padre nos revela en la intimidad. Muchos ministerios han sido transformados y activados en lo sobrenatural, con milagros, señales y maravillas. Pero lo más valioso que puedo testificar es que sus líderes han recibido la revelación de que la base del éxito que pueden alcanzar como ministerio proviene de su relación íntima con el Padre celestial. Cuando vienen a nuestro ministerio, nos aseguramos de que aprendan ese principio fundamental y que el Espíritu Santo haga Su obra de liberación y transformación en ellos, revelándoles al Padre y la necesidad de tener relación directa con Él. El siguiente es un testimonio impactante:

"Me llamo Christian Fondacci, y vivo en Francia. Tengo un ministerio en Toulon, Francia, bajo la cobertura del Ministerio El Rey Jesús. Tenemos alrededor de quinientas personas a través de los medios de comunicación, y varios miles de franceses nos siguen. Conozco a Dios desde que era un niño. A los once años, recibí el bautismo del Espíritu Santo y comencé a profetizar y a ver en el mundo espiritual. Le entregué mi vida a Jesús estando en la cárcel. Allí, clamé al Señor y tuve una experiencia sobrenatural. Jesús me libró de la violencia, el alcoholismo, el espíritu de muerte y de asesinato que había heredado de mi padre. Él era un militar, entrenado como asesino profesional, que se convirtió en asesino para la mafia y las mujeres prostitutas. Seguí su camino prostituyendo mujeres y dirigiendo mesas de juego clandestinas, hasta que Dios cambió mi vida por completo. Me arrepentí profundamente de mis pecados y comencé a buscar algo más que una vida de iglesia. Quería conocerlo personalmente. Pasé meses buscando Su presencia, días y noches en oración, hasta que empecé a ver en el mundo espiritual. Jesús me visitó en persona. Nunca necesité que otras personas oraran por mi liberación, porque mi relación con Jesús me llevó a ella. Esa relación íntima con Jesús transformó mi vida. Tan pronto como comencé a buscar a Dios en oración, Él me dio revelaciones y visiones, y entendí lo que es el verdadero cristianismo. Hoy, veo a Dios moviéndose radicalmente en mi ministerio. El mayor milagro que he visto es la resurrección de un niño. Durante un viaje misionero a Madagascar, una mujer trajo a su hijo y me preguntó: '¿Qué puede hacer tu Dios por mi hijo?' Le pregunté qué tenía, y su respuesta me dejó sin palabras: '¿No puedes ver que está muerto?' Yo creía que estaba dormido. 'El hechicero no pudo hacer nada por él', dijo la mujer. 'Y tú Dios ¿qué hará?' Le respondí: 'Mi Dios es la resurrección y la vida; y en Su nombre, llamo a tu hijo a la vida'. Cinco minutos después, el niño había resucitado, y muchas personas vinieron a Cristo. Hoy puedo decir que, a través de una vida de oración e intimidad con el Padre celestial, todo es posible".

La pastora Roxana Monge es una amada hija espiritual que Dios trajo a esta casa con un gran propósito. A lo largo de su proceso he visto constante fruto y crecimiento, como señal de su relación con el Padre. Ella pasó por duras pruebas que han forjado su carácter y han evaluado esa relación de muchas maneras. La he visto transformarse más a la imagen del Padre y estar más cerca de Él espiritualmente. Este es el testimonio de su vida de relación íntima con Dios:

"Soy la pastora Roxana, y puedo testificar que, desde que entregué mi corazón a Dios, constantemente he estado aprendiendo a tener relación con Él. Lo que me ha sostenido en cada época de mi vida —buena o mala— ha sido mi relación con Dios. Estar con Él diariamente me hace ser quien soy. Mi proceso en los últimos dieciocho años ha cambiado muchas veces y de muchas maneras. En mi relación diaria con Él, he pasado de escribirle a Dios, a hablar con Él, a simplemente sentarme y disfrutar de Su compañía. No creo que el tiempo con Dios sea el mismo todos los días. También creo que hay que insistir fuertemente en ello. Como cualquier otra relación que valga la pena, hay que luchar y trabajar para tenerla. Es como un matrimonio o una amistad: la vida puede interponerse en el camino, pero hay que estar disponible para esa relación. Nuestra relación con Dios es mucho más importante que cualquier otra, ya que Él es nuestra fuente.

"En mi vida personal diría que entre el 2015 y 2018 experimenté los años más difíciles de mi vida. Mi esposo y yo pasamos por una prueba muy dura en nuestro matrimonio. Mi madre falleció, y estuvimos tratando de concebir un bebé durante nueve años. Me enfrenté a la decepción a un nivel muy alto. Fueron momentos en los que lo último que tenía era la fuerza para buscar a Dios. Pero me sobrepuse porque sabía que Él era mi único refugio. A través de la oración, el Padre sanó mi corazón y me consoló. Fue allí donde realmente supe que podía confiar en Él en medio de cualquier circunstancia. He visto Su fidelidad en mi matrimonio y en mi vida.

Cuando se trata de tener una relación con Dios, es importante saber que no es tan complicado, y que no hay una manera específica de hacerlo. No hay un manual. Sí, tenemos ejemplos, pero el tiempo de cada uno es diferente en su relación con Dios. La comparación solo conduce al desánimo. Lo que puede ayudar es que, si no tienes palabras, simplemente adora. Si no tienes una canción, simplemente escribe. Si no tienes fuerzas, simplemente escucha. Él siempre está ahí, si le das el tiempo y el lugar".

Activación práctica

- Si reconoce que, aunque es cristiano, duda de su salvación porque no tiene una verdadera relación con Dios, le invito a orar conmigo:

"Padre Celestial, yo reconozco que soy un pecador y que mi pecado me separa de Ti. Hoy, me arrepiento por toda mi

vida lejos de Ti. Me arrepiento por no darte el tiempo y el lugar apropiados para pasar tiempo contigo. Me arrepiento por no haberte buscado con la intención correcta. Me arrepiento de haber estado viniendo a Ti para obtener ganancias egoístas y satisfacer mis deseos, en lugar de pasar tiempo de calidad contigo. Perdóname y límpiame para que pueda tener una relación genuina contigo. Quiero conocerte, no solo desde una perspectiva teológica, sino de una manera íntima. Ahora sé que la intimidad Contigo no es solo para Tu placer, sino también para mi beneficio; para convertirme en la novia. Hoy vengo a buscarte, a recibir Tu revelación, a confiar en Ti y concebir Tus planes para mí. Me comprometo a buscar la intimidad contigo y buscar Tu presencia diariamente. Quiero desearte tanto como Tú me deseas a mí. ¡Todo te lo pido en el nombre de Jesús, ¡amén!"

- Si aún no lo ha hecho, lo invito a que empiece a incluir la adoración en su vida de oración. Puede ser con música, pero recuerde que la adoración no es solo cantar. Es entrar en intimidad con Dios con sus palabras, abrirle su corazón a Él, deponer sus armas y volverse uno con Él. El Espíritu Santo le guiará, pero no puede estar apurado, mirando el reloj o pensando en otras cosas simultáneamente.

- Aparte un momento exclusivo del día para tener intimidad con Dios. No use ese tiempo para atender personas, hacer tareas, ocuparse en urgencias, etc.

- Apague todas las distracciones y dese tiempo para escuchar la voz de Dios y conocerlo en la intimidad.

- Anote todo lo nuevo en su diario. Y si nada nuevo pasa, anótelo también. A veces Dios espera, pero su búsqueda consistente e insistente será recompensada. Él se revelará.

Resumen del capítulo

- El corazón humano anhela la intimidad con el Padre, porque Dios lo diseñó de esa manera. Ninguna otra cosa puede calmar ese anhelo.

- En la intimidad, usted se encuentra con Dios cara a cara y tiene experiencias con Él de corazón a corazón. Ese es el lugar donde Él abre Su corazón, y nosotros abrimos el nuestro.

- La intimidad es el lugar más profundo del compañerismo. Es tan preciosa que Jesús pagó con Su sangre para que pudiéramos acceder a ella.

- "Conocer" a alguien es una experiencia práctica y personal en la que ambas partes quedan satisfechas en sus deseos y necesidades emocionales, espirituales y físicas.

- A veces Dios obra milagros para nosotros, aunque no le demos verdadera adoración. Él cumple nuestros deseos, aunque nosotros no cumplamos los Suyos.

- Las señales de que conocemos a Dios son:

    1. Guardamos Sus mandamientos.

    2. No pecamos. Dado que todos estamos en el proceso de santificación, permanecer libres de pecado es imposible. Pero debemos tener cuidado de no hacer del pecado un estilo de vida. Cuando nos arrepentimos, volvemos a la santidad.

    3. Amamos a Dios y a los demás.

- Los propósitos de la intimidad con Dios son:

- Recibir revelación de Su paternidad, nuestra identidad, Su voluntad y Sus planes.

- Concebir los propósitos de Dios. Sus planes son concebidos en la intimidad y dados a luz en la tierra. La intimidad con Él siempre da frutos visibles y duraderos.

- Producir confianza. Nadie confía en una persona que no conoce. La confianza es una palabra de pacto que incluye y exige una relación cercana que ha sido evaluada.

- Separar a la novia. Jesús viene por una novia con una relación exclusiva, constante e íntima con Él, no una que solo busca Sus milagros o Su favor.

• Para desarrollar la intimidad con Dios, debemos:

- Adorar. Esta es la base de la intimidad con Dios y está diseñada para llevarnos a la presencia del Padre.

- Invertir tiempo de calidad. Lo único que perdura en la vida es aquello en lo que invertimos tiempo.

- Hacer un compromiso. Debemos comprometernos a invertir tiempo, adorar y alimentar nuestra relación con Dios con un espíritu de oración, ayuno, estudio de Su Palabra, obediencia, consagración, santidad, honra y comunicación constante.

Notas

1. Daniel A. Cox, "¿Pueden los hombres y mujeres casados ser amigos? Matrimonio, amistad y soledad", Centro de investigación sobre la vida en América, julio 20, 2021, https://www.americansurveycenter.org/commentary/can-married-men-and-women-be-friends-marriage-friendship-and-loneliness.

2. Lori H. Gordon, "Intimidad: El arte de las relaciones", Psychology Today, junio 9, 2016, https://www.psychologytoday.com/intl/articles/196912/intimacy-the-art-relationships.

3. Lori H. Gordon, "Intimidad: El arte de las relaciones", Psychology Today, junio 9, 2016, https://www.psychologytoday.com/intl/articles/196912/intimacy-the-art-relationships.

Capítulo 8

Relaciones de pacto

En el capítulo 3 abordé brevemente el tema del pacto. El Hijo de Dios, al igual que muchos otros hombres en la Biblia vivió en una constante relación de pacto con el Padre, hasta el día que murió crucificado en una cruz. Durante Su vida en la tierra, Jesús también desarrolló relaciones de pacto con Sus discípulos y nos dejó la revelación de este maravilloso misterio. En este capítulo, aprenderemos en qué consistía un pacto en el Antiguo Testamento, qué revelación trae a nuestras vidas hoy en día, y cuáles son las bases para establecer nuevos pactos con Dios y otras personas.

La revelación del Dios de pactos

Es importante entender que en un pacto Dios nos revela la naturaleza misma de Su persona. Cuando Dios separó a Israel como pueblo santo y escogido para el sacerdocio, estableció con ellos un pacto que quedó registrado en los primeros cinco libros del Antiguo Testamento. Toda la Biblia es un libro que trata sobre el pacto de Dios con Su pueblo, y está dividido en dos secciones: el Antiguo Testamento (que va desde el pacto de Dios con Abraham hasta el pacto establecido con Moisés) y el Nuevo Testamento (que es el pacto con toda la humanidad hecho a través de

Jesús). Estos pactos completan el propósito de Dios con la humanidad, conforme a Su naturaleza divina.

Mucha gente percibe la Biblia como un libro misterioso y complicado. Esto se debe a que el entendimiento de la Escritura requiere que comprendamos el concepto de pacto. La Palabra nos revela un Dios que se mueve en función de pactos. Él es un Dios que hace, cumple y empodera los pactos, y luego se revela a Sí mismo a través de ellos. Lo hace porque no quiere ser un misterio para la humanidad. Él se revela a todo aquel que esté dispuesto y preparado para entrar en un pacto. El propósito fundamental de Dios —incluso antes de la creación— es tener relación íntima con la raza humana. El Padre quiere revelarse y manifestarse, por eso creó a los seres humanos. Sin embargo, Él no se revela abiertamente a todos, porque no intima con extraños. El pacto que Dios hace con una persona que en verdad anhela estar con Él no se manifiesta ante extraños. Y cuando digo "extraños" me estoy refiriendo a personas que han decidido no amar a Dios, no tienen la intención de conocerlo, y mucho menos de entrar en pacto con Él. "*La comunión íntima de Jehová es con los que le temen, y a ellos hará conocer su pacto*" (Salmos 25:14). En hebreo, el término *temor* alude a un "temor reverente", aunque también se traduce como "respeto", "obediencia", "reverencia" y "adoración". En otras palabras, Dios solo se revelará íntimamente a aquellos que lo respetan, obedecen, reverencian y adoran; aquellos que se comprometen con Él.

¿Qué es un pacto?

En este capítulo, quiero compartir una definición más profunda y amplia de lo que es un pacto. En el Antiguo Testamento, la palabra que ahora se traduce al español como "pacto" es *berith*. Esta palabra hebrea describe un acuerdo que se hace "pasando entre dos pedazos de carne". Significa "convenir, hacer alianza, pacto o trato". Viene de la raíz *barah*, en el sentido de "cortar" o "manifestarse". Este término se usaba para representar el acto por el cual dos personas se comprometían de forma permanente entre sí. Era un pacto de sangre que se confirmaba pasando entre dos piezas de carne de animal ofrecido en sacrificio.

En el Nuevo Testamento, la palabra griega para pacto es *diathéké*, que significa "testamento, voluntad o pacto entre dos partes". Donde *berith* representa compromiso, *diathéké* representa los términos de un contrato o acuerdo basado en un compromiso con sacrificio. Veamos cómo se realizaba la ceremonia del pacto en la antigüedad. Cuando dos partes —individuos o familias— iban a hacer un pacto, primero determinaban un lugar de encuentro. Allí, llevaban animales para sacrificar y hacían un camino por el que pasarían ambas partes. Bíblicamente, esto ocurrió cuando Dios le prometió a Abram que le daría un hijo y una gran descendencia: "*Y sucedió que puesto el sol, y ya oscurecido, se veía un horno humeando, y una antorcha de fuego que pasaba por entre los animales divididos. En aquel día hizo Jehová un pacto con Abram, diciendo: A tu descendencia daré esta tierra, desde el río de Egipto hasta el río grande, el río Éufrates*" (Génesis 15:17-18). Las partes involucradas en el pacto mataban a los animales, los cortaban por la mitad y colocaban las piezas una frente a la otra, dejando un camino de sangre entre las mitades de los animales. Finalmente, unían los brazos y caminaban por el camino del pacto, haciendo una declaración de bendición si se cumplía el pacto, y una declaración de maldición si el pacto era violado.

Un ejemplo de esto podemos verlo en el libro de Jeremías: "*Y entregaré a los hombres que traspasaron mi pacto, que no han llevado a efecto las palabras del pacto que celebraron en mi presencia, dividiendo en dos partes el becerro y pasando por medio de ellas*" (Jeremías 34:18). En este ejemplo, hubo una declaración de bendición. Ambas partes se unieron y caminaron juntas por el camino del pacto, diciendo: "Cumpliré los términos de este pacto hasta el punto de derramar mi vida, tal como estos animales han sido sacrificados y derramados". En otras palabras, "el derramamiento de sangre representa lo que haré y hasta dónde llegaré para garantizar el cumplimiento del pacto; significa que estoy dispuesto a dar mi vida y derramar mi sangre antes de romper los términos de este pacto". Ese era el corazón del pacto en la antigüedad.

Lamentablemente, nuestra cultura occidental no entiende el pacto en estos términos. En nuestra sociedad, todos los acuerdos, contratos y pactos tienen cláusulas de disolución. Por lo general hay sanciones por incumplimiento que involucran dinero, pero ciertamente, hoy en día, todo pacto puede ser disuelto. No tienen la misma fuerza ni peso del pacto al que Dios se refiere en el Antiguo y el Nuevo Testamento. Así que, hoy en día, de acuerdo con la mentalidad de Dios, primero necesitamos entender de qué se trata un pacto, porque ese es el compromiso que Él bendice. Por un lado es maravilloso; por otro, es algo que hay que temer, porque implica una gran exigencia, entrega y compromiso. Esto significa que un pacto requiere un profundo respeto y madurez entre las partes que lo contraen.

Con esto dicho, podemos afirmar que la definición bíblica del pacto que Dios quiere hacer con Su pueblo, es un acuerdo de compromiso total entre dos vidas, las cuales se convierten en una cuando el pacto se sella con sangre; en este caso, con la sangre de Cristo. El pacto es un acuerdo legal de carácter obligatorio que nace de una relación. Aquí, la voluntad de Dios entra en relación con la voluntad del hombre y producen un acuerdo celestial en el que su yo terrenal se alinea con su yo celestial. Por eso decimos que el pacto es sobrenatural, porque por medio de él los seres humanos nos hacemos uno con el Dios sobrenatural.

Unidad de mente, cuerpo y espíritu

En el pacto con Dios no pueden haber diferentes opiniones, porque ya no son dos mentes sino una: la mente divina. Por lo tanto, ambas partes son iguales, porque se han convertido en una sola mente, un solo espíritu y una sola persona. ¿Puede Dios convertirse en usted? ¿Puede usted convertirse en Dios? En un pacto verdadero como el que acabo de describir, la respuesta es sí, porque el ser terrenal muere para que el ser celestial pueda vivir. Adán fue creado como un ser celestial; andaba en completa unidad con el Padre. Pero esta verdad es demasiado para la mente religiosa tradicional; ésta, inmediatamente piensa que pretendemos ser Dios, cuando sabemos que somos seres humanos falibles, llenos de defectos y pecado. Ellos no consideran el tipo de pacto que se requiere para hacer esta afirmación.

Este tipo de unidad de mente, espíritu y voluntad con Dios a través del pacto es una de las claves para moverse y demostrar el poder del Espíritu Santo. "*Con Cristo estoy juntamente crucificado, y ya no vivo yo, más vive Cristo en mí; y lo que ahora vivo en la carne, lo vivo en la fe del Hijo de Dios, el cual me amó y se entregó a sí mismo por mí*" (Gálatas 2:20). Observe que Pablo dice: "Ya no soy yo quien vive". Ese es el precio de un pacto con Dios. Entendiendo lo anterior, podemos afirmar que el pacto es una especie de banco del cual podemos extraer poder divino. Cuando tenemos un pacto con Dios, estamos cubiertos, protegidos, preservados y sanos, porque tenemos derecho a usar los bienes de nuestra pareja de pacto. Así, nosotros tenemos acceso al tesoro de Dios: poder, paz, amor y justicia; porque bajo un pacto con Dios, nada es imposible.

> **El pacto es uno de los antiguos fundamentos de lo sobrenatural. Es el portal para apropiarse de lo sobrenatural.**

La cognoscibilidad de Dios mediante el pacto

Muchas personas, incluso cristianos, no saben quién es Dios, cuál es Su naturaleza, Su esencia, Su amor ni Su sentido de justicia. Porque Dios solo puede ser como Él se le revela a usted. En otras palabras, todo lo que Dios es, fue y tiene, solo puede ser conocido a través de la revelación que Él decida darle. En consecuencia, Él se revelará a quien más lo busque; pero a quien no lo busque no se le revelará. En el capítulo 2 hablamos de conocer a Dios a través de la oración, y dijimos que, aunque Él es un ser incorpóreo e invisible a los sentidos naturales, *es* posible conocerlo. Dios es cognoscible. Según el diccionario, la palabra *conocer* como verbo significa: "reconocer la identidad de, ser consciente de la verdad de, tener una comprensión práctica de, es tener información o conocimiento, ser o llegar a ser consciente, estar familiarizado o conocer, tener una comprensión de, reconocer la naturaleza de."[1]

¡Dios es cognoscible! Pero solo hay una manera de conocerlo íntimamente: haciendo un pacto con Él. Se necesita un pacto para conocer a una persona. La revista *Psychology Today* publicó un artículo titulado "Llegar a conocer a alguien es un largo proceso que dura toda la vida", el cual comienza con una cita de Mark Twain: *"El amor parece ser lo que más rápido crece, cuando en realidad es lo más lento. Ningún hombre o mujer conoce realmente el amor perfecto hasta que ha estado casado un cuarto de siglo".*[2]

Por eso, cuando Jesús vino a la tierra, Su enseñanza fue tan impactante y controvertida para las personas, especialmente para los religiosos de la época. Él enseñó una teología relacional, no doctrinal. Vino a restaurar la palabra *pacto* y lo que significa adorar y conocer al Dios verdadero. Ningún pacto puede ser doctrinal porque pierde su esencia y poder; no funciona. Por eso muchos cristianos se sienten frustrados con sus oraciones, con la iglesia y con ellos mismos, porque llevan años intentando vivir un pacto doctrinal sin saber que así nunca llegarán a ninguna parte. Todo pacto con Dios pasa por vía de la relación (ya sea de sacrificio o de sangre). Sin eso, el pacto no tiene sentido. Hay personas que saben mucho de Dios, pero no lo conocen. Cuando se conoce a Dios, se le cree en todo. No hay hombre que haya conocido a Dios que no haya terminado creyendo en Él.

> **No se puede entrar en pacto con Dios a través de una relación casual, porque el pacto se basa en que las personas sean conocidas y puedan ser confiadas.**

Todos los hombres de la Biblia que conocieron a Dios primero tuvieron un encuentro con Él. Debido a esa experiencia, pudieron entrar en pacto para conocerlo más y adorarlo por el resto de sus vidas. En otras palabras, ellos conocieron la profundidad de Dios porque se comprometieron con Él, se entregaron y rindieron sus vidas por completo. Eso les permitió desatar el poder de Dios en la tierra, y que la voluntad de Dios se hiciera por medio de ellos. Un ejemplo de esto fue el profeta Elías. En diversas ocasiones lo sobrenatural fluyó a través de él debido a su pacto con Dios. Por ejemplo, cuando Elías desafió a los profetas de Baal, el fuego de Dios consumió el holocausto en el altar que Elías había preparado. (Vea 1 Reyes 18:20-40). Después de eso, Elías oró por lluvia. *"Entonces Elías dijo a Acab: Sube, come y bebe; porque una lluvia grande se oye. Acab subió a comer y a beber. Y Elías subió a la cumbre del Carmelo, y postrándose en tierra, puso su rostro entre las rodillas. [...] Y aconteció, estando en esto, que los cielos se oscurecieron con nubes y viento, y hubo una gran lluvia..."* (1 Reyes 18:41-42, 45).

Las bases para un pacto

Hay dos bases principales para el pacto: compromiso y sacrificio. Veamos lo que cada una implica:

Compromiso

Antes vimos que la única forma de tener una relación permanente entre Dios y el hombre es haciendo un pacto con compromiso. No existe pacto que no conlleve compromiso, porque Dios quiere saber que usted va en serio. El compromiso lo adquirimos con Dios, con una persona, una visión, una casa, un liderazgo, o en el matrimonio. En estos días la palabra *compromiso* no es popular en nuestra cultura. La gente no quiere comprometerse, porque eso implica morir a sí mismo y dar su vida por Dios y por la gente.

Comprometerse es darse y rendirse por completo a alguien o algo. Cuando nos comprometemos con Dios, Él compromete Su palabra y Sus promesas.

Jesús demandó de Sus discípulos un pacto con compromiso. *"Jesús les dijo: De cierto, de cierto os digo: Si no coméis la carne del Hijo del Hombre, y bebéis su sangre, no tenéis vida en vosotros. El que come mi carne y bebe mi sangre, tiene vida eterna; y yo le resucitaré en el día postrero. ...El que come mi carne y bebe mi sangre, en mí permanece, y yo en él"* (Juan 6:53-54, 56). Algunos no entendieron o no estuvieron dispuestos a asumir el compromiso y terminaron dejándole. Cuando Sus discípulos lo escucharon, dijeron: *"'Dura es esta palabra; ¿quién la puede oír?'...Desde entonces muchos de sus discípulos volvieron atrás, y ya no andaban con él"* (Juan 6:60, 66).

Según los censos mundiales, la mayoría de la población del planeta está formada por jóvenes. A ellos les interesa el compromiso, pero no con Dios ni con la iglesia, sino con otras cosas. Los músicos de rock se comprometen con su música, los atletas se comprometen con el deporte y los científicos lo hacen con los avances tecnológicos. La gente se compromete con algo o alguien, porque así es la naturaleza humana. El problema es que cada vez menos gente asume un compromiso en sus relaciones con Dios, con su cónyuge, con sus amigos, etc. Lamentablemente, no hay relación que pueda sostenerse sin compromiso. En su matrimonio, en el trabajo o con sus hermanos no podrá establecer relaciones permanentes si no asume el compromiso de invertir su vida en ellos.

Sacrificio

No hay pacto sin sacrificio. La palabra sacrificio implica que la vida debe morir en el altar. A menudo esta palabra aparece asociada al derramamiento de sangre. *"Así que, hermanos, os ruego por las misericordias de Dios, que presentéis vuestros cuerpos en sacrificio vivo, santo, agradable a Dios, que es vuestro culto racional"* (Romanos 12:1). El sacrificio habla de una vida que debe ser entregada, tal como Jesús entregó Su vida por nosotros en la cruz. Él instituyó el nuevo pacto, y lo selló con el mayor acto de sacrificio que la humanidad haya conocido. Después de Jesús, nunca más hubo sacrificios de animales como se hacía en el Antiguo Testamento. Hoy en día los sacrificios pueden ser espirituales y de muerte a la carne, para que Cristo pueda vivir en y a través de cada uno de nosotros.

Cuando aceptamos a Jesús como Señor, automáticamente entramos en un pacto con el Padre.

Lo crea o no, usted entró en un pacto con Dios en el momento mismo que hizo la confesión pública de fe en Cristo, y lo aceptó como Señor y Salvador de su vida. Hoy, ya no caminamos entre animales, sino que caminamos sobre la cruz de Cristo, en medio de la sangre que Él derramó para hacer un nuevo pacto con la humanidad. "*De hecho, la ley exige que casi todo sea purificado con sangre, pues sin derramamiento de sangre no hay perdón*" (Hebreos 9:22 NVI). Cuando hicimos la oración del pecador, entramos en un pacto con Dios y con los creyentes. Es importante tener esta revelación porque somos responsables de la preservación de ese pacto; es decir, debemos evitar romperlo, recaer, volver atrás o traicionarlo. "*Porque es imposible que los que una vez fueron iluminados y gustaron del don celestial, y fueron hechos partícipes del Espíritu Santo, y asimismo gustaron de la buena palabra de Dios y los poderes del siglo venidero, y recayeron, sean otra vez renovados para arrepentimiento, crucificando de nuevo para sí mismos al Hijo de Dios y exponiéndole a vituperio*" (Hebreos 6:4-6). "Caer" es la traducción de la palabra griega *parapipto,* que significa "abandonar, desertar, apartarse". Esto implica que si alguna vez rompemos el pacto que hicimos con Dios a través de la sangre de Cristo, sería como crucificar nuevamente a Jesús y burlarnos de Su sacrificio.

La única manera de entrar en un pacto con Dios el Padre es a través de la sangre de Cristo derramada en la cruz.

"Nadie tiene mayor amor que este, que uno ponga su vida por sus amigos" (Juan 15:13). ¿Qué significa la expresión "poner la vida"? Todos los sacrificios que se ofrecían en el pasado —corderos, bueyes, ovejas y otros animales— son símbolos de una vida puesta en el altar en sacrificio. Pero, el verdadero sacrificio de hoy, el que Dios recibe con agrado, es nuestra propia vida; no derramando nuestra sangre física, sino entregándole por completo nuestra vida y voluntad a Él. No podemos reclamar promesas, exigir derechos o pedir a Dios que cumpla Su parte del pacto si no estamos dispuestos a entregar nuestra propia vida. El Señor hará lo que prometió en Su pacto, solo si hacemos nuestra parte, sabiendo que la nuestra siempre será infinitamente menor que la de Dios y la de Jesús en la cruz.

La prueba suprema del amor es dar la vida por los demás.

Damos la vida por los demás cuando tenemos un compromiso de pacto con ellos a través de la gracia que nos ha dado el Espíritu de Santo. *"En esto hemos conocido el amor, en que él puso su vida por nosotros; también nosotros debemos poner nuestras vidas por los hermanos. Pero el que tiene bienes de este mundo y ve a su hermano tener necesidad, y cierra contra él su corazón, ¿cómo mora el amor de Dios en él?"* (1 Juan 3:16-17). Morimos para que otros puedan vivir. Dejamos de dormir para que otros duerman. Les damos recursos, dinero, tiempo y energía como expresión de haber entregado nuestras vidas como sacrificio, por Dios, y para que Él se manifieste en la tierra.

La mayoría de predicadores han mostrado el cristianismo como un camino fácil y color de rosa, donde lo único que se predica es que Dios está a nuestro servicio, y no tenemos que hacer nada a cambio. Por eso, cuando la gente no ve a Dios responder sus oraciones se decepciona de Él, aunque en realidad se les ha engañado al ofrecerles un evangelio adaptado a su conveniencia. La verdad es que Dios no respalda ese tipo de relación, porque allí no hay pacto. El cristianismo es una vida de entrega y sacrificio por Dios y los demás. Cuando hacemos esto, Dios vive en nosotros y nada nos falta. Dar nuestra vida en sacrificio no es algo que podamos hacer sin la gracia de Dios. Es imposible cumplir el pacto sin Su gracia, porque este nivel de sacrificio no se encuentra en la naturaleza humana. Obedecemos el pacto por gracia, no por ley ni fuerza propia; y Dios responde a eso con Su presencia, Su poder y Sus milagros.

> Cuando obedecemos el pacto y guardamos las promesas de Dios, el pacto nos preserva, protege y provee.

Conclusión

Mi propósito con este capítulo ha sido establecer la base para hacer un pacto con Dios, porque es fundamental que cada cristiano entienda que Dios no es alguien con quien podemos jugar o entretenernos. Él no es alguien que está ahí solo para lo que necesitemos cuando se nos antoje. Él no está allí para una relación superficial o cuando nos dé la gana de buscarlo. Él es un Dios de pactos que establece Sus relaciones sobre la base de un compromiso mutuo y a largo plazo. Él está dispuesto a dar tanto, incluso más de lo que pedimos, pero no dará nada si no hay un compromiso de nuestra parte. ¿Está usted dispuesto a buscar, desarrollar y profundizar una relación genuina con Dios? ¿Está dispuesto a dar su vida, su tiempo, su familia y todo lo que sea necesario para darle a Dios el primer lugar en su vida? Este es el desafío y el secreto de una relación verdaderamente íntima con el Padre. No existe un nivel intermedio, ni se puede hacer a medias. Él se entrega por completo y espera que usted también lo haga de la misma forma. Este es el remanente que Jesús viene a levantar, la novia sin mancha que espera la venida del novio para ir con Él. ¿Es usted parte de ese remanente? Si no lo es, aún está a tiempo, aunque el tiempo se agota.

Oraciones contestadas

Rolph Hendriks de Holanda, Países Bajos, tiene un maravilloso testimonio que ilustra perfectamente lo que hemos aprendido en este capítulo. Me gustaría compartirlo con ustedes:

"Me llamo Rolph, y soy el pastor de Power City Church, en Holanda. Fui criado como católico, pero cuando era adolescente me fui al mundo para darme "la gran vida". Un día dos personas compartieron conmigo el evangelio de salvación y me invitaron a la iglesia. Cuando llegué, encontré una iglesia pentecostal, muy diferente de la iglesia católica a la que estaba acostumbrado. Pensé que la gente de allí estaba loca, pero algo me hizo querer volver. La presencia del Señor se apoderó de mí. Me arrepentí y fui salvo. Allí, tomé la decisión radical de seguirlo. Dejé atrás mi vida mundana para buscar a Dios. Tener una relación con Él trajo un profundo significado a mi vida; me dio visión y propósito. Las tres primeras cosas que debía hacer para conocerlo eran adorar, orar y estudiar Su palabra. En respuesta, Dios manifestó Su presencia en mi vida y me enseñó a vivir por fe. Comencé a amar la iglesia; era el primero en llegar y el último en irme. Sin embargo, la intimidad con Dios la encontraba en casa, pasando tiempo en adoración. Si bien he tenido momentos de sequedad y distanciamiento de Dios, el hambre y el deseo siempre han estado allí. Él nunca me ha dejado ni se ha olvidado de mí. El deseo de conocerlo más íntimamente continúa, y cuando alcanzo un nuevo nivel de profundidad, siento la invitación a acercarme aún más. Hoy en día, soy pastor y he visto muchos milagros, pero lo que más me sorprende es cuando Él sana los corazones quebrantados. También, puedo testificar cómo el Señor nos ha sostenido en tiempos emocional y financieramente devastadores; todo, gracias al pacto. Para mí, un pacto es un contrato irrompible e incondicional en el que Dios permanece fiel incluso cuando carecemos de fe. Cuando fui salvo, hice un pacto con Dios de servirle todos los días de mi vida. Hoy sé que he sido aceptado, que soy Su hijo, y que el camino a Su presencia está abierto para mí. Este es el pacto, y ahora mi sacrificio me lleva a conocer a Dios y Su poder cada día más. Mi esposa y yo nos hemos dedicado completamente al ministerio desde 1994. Aunque no ha sido fácil, Él siempre nos ha sostenido y provisto; nunca nos ha decepcionado por pagar el precio para tener una relación con Cristo o por el ministerio. A menudo nos vamos lejos de nuestra familia, a otras naciones; hemos vivido en tres continentes como misioneros del evangelio. Hemos hecho muchos sacrificios financieros, pero también hemos recibido mucho a cambio. Morimos al sueño de nuestro propio hogar por pensar en el ministerio, pero Dios nos dio nuestro hogar. Eso era algo imposible para nosotros. No teníamos sueldos ni ahorros para un pago inicial, pero Dios lo hizo posible".

La pastora Erika Rodríguez tiene un poderoso testimonio sobre cómo una vida de pacto y relación con Dios puede transformar a toda una familia y llevarla de una vida de violencia y abuso a ser una familia sana y amorosa y una bendición para tantos otros. Este es su testimonio:

"Llegue al Ministerio El Rey Jesús en 2005, rota y herida. Había crecido en un hogar con mucha violencia doméstica y abusos de mi padre sobre mi madre, sobre mí y mis hermanos. Mi padre abusaba de nosotros física, emocional y psicológicamente. Cuando conocí a Jesús, mi vida cambió completamente por el poder de la redención que perdona nuestros pecados. Comencé el proceso de sanar de esa infancia y adolescencia traumática. Tuve un encuentro con Dios y comencé a buscarlo y perseguirlo a través de la adoración, a congregarme en el ministerio y aprender más sobre Dios, sobre quién soy y sobre cómo Él me ve. Comencé a recibir la Palabra y a crecer espiritualmente. Entonces, la búsqueda comenzó en mi lugar secreto; allí llegué a tener una relación de pacto con el Padre. Entraba en adoración y oración y le entregaba todo a Dios. Aprendí que no importaba de dónde hubiera venido, yo era una hija de Dios con acceso al Padre. Me rendí a Él y lo busqué con todo mi corazón. Lo adoré y le entregué todo el dolor que cargaba en ese momento. Todavía lo hago. Una de las partes más difíciles de mi pasado fue lidiar con el rechazo que tenía contra mi padre natural, que fue el que más me lastimó. Tenía mucho odio y rabia acumulada contra él. Pero sabiendo quién soy en Cristo, conocí el perdón y comencé mi proceso de sanidad. Tomé la decisión en la presencia de Dios, y dije: 'Voy a perdonar; voy a soltar este dolor'. No puedo decir que fue de un día para el otro, pero, a medida que mi relación con Dios crecía, mi corazón sanaba. Fue un largo proceso. Fueron muchas cosas que Dios tuvo que tratar y sanar. Durante este proceso, la clave de mi sanidad fue la liberación. Creo que uno de los aspectos clave para ser completamente libre y superar el abuso y la violencia fue buscar a Dios y tener una relación con Él. En Su presencia, Él comenzó a enmendar y sanar cada herida de mi pasado. Ahora, cuando veo a la persona que me lastimó —mi padre— ya no siento dolor. Ya no siento rechazo ni odio como antes. Así supe que Dios me había sanado por completo y había restaurado nuestra relación. Gracias al pacto de intimidad con Dios, Él depositó Su amor y cambió aquello que me hería, que me dolía, y me dio más del carácter de Cristo. Caminar en el amor y la misericordia de Dios hizo que la relación con mi padre fuera restaurada por completo. Cuando pude mostrarle a él el amor de Dios, nuestra relación fue sanada. Hoy soy una pastora, y mi relación con mi padre es hermosa. Otra de las claves de mi liberación fue la intervención del apóstol Guillermo Maldonado. La paternidad de mi padre espiritual fue fundamental para restaurar mi corazón y mi inocencia; porque yo no era capaz de confiar en ninguna figura de autoridad.

"Otra valiosa lección que aprendí en el área de la oración vino del Salmo 46:10, que dice 'Estad quietos, y conoced que yo soy Dios'. A menudo nos presentamos ante Dios llenos de muchas cosas: 'Dios, quiero esto. Dios, necesito eso'. Y eso está bien, pero ¿qué pasa si reconocemos que Dios está ahí? ¿Qué pasa si nos tomamos un momento para buscarle y dejar de lado esa lista de peticiones de forma genuina? Cuando vine al Señor, mi matrimonio y el de mis padres empeoraron. Todo lo que se hablaba en casa era divorcio. Había gritos y violencia; todo iba de mal en peor. Quedarse quieto y esperar en Dios era una misión casi imposible. Pero cuando mi espíritu captó la revelación del Salmo 46:10, pude hacerlo. Aprendí a estar quieta en oración y esperar en Dios bajo la guía del Espíritu Santo. No importaba lo que vieran nuestros ojos, lo que venía contra nosotros o lo difícil que fuera, aprendí a estar quieta y saber que Él es Dios.

"Finalmente, la otra gran revelación que recibí en mi intimidad con Dios es que Él nunca llega tarde. Un día, en medio de grandes ataques del enemigo, grandes luchas y pruebas, Dios me habló y me dijo que Él nunca llega demasiado pronto ni demasiado tarde. Él siempre llega a tiempo. Fue un encuentro con Dios en el que me abrazó y me dio esta revelación. No fue durante un servicio dominical o un servicio de milagros. Era yo sola en el garaje de mi casa. Saber que Dios estaba en completo control se hizo tan real en mi espíritu que cambió mi vida para siempre. En Su tiempo, Dios restauró mi familia y mi matrimonio. ¡Lo restauró todo!

"Esto es lo que puedo compartir. Tener una relación con Dios es confiar en Él, saber que Él siempre tiene el control, y que Él nunca nos abandona o decepciona. ¡Dios nunca nos olvida, porque Él es nuestro Padre amoroso!"

Activación práctica

- Si no ha recibido a Cristo en su corazón, ore conmigo:

"Padre Celestial, yo reconozco que soy un pecador y que mi pecado me separa de Ti. Me arrepiento de vivir alejado de Ti. Confieso que Jesús es el Señor y que Tú lo resucitaste de entre los muertos. Perdóname y límpiame para tener una relación contigo. ¡Amén!"

- Tome la Cena del Señor como parte de sus ejercicios espirituales de oración. Hágalo, no como un ritual mensual, sino con la revelación de que Jesús nos dio esta herramienta para que podamos recibir Su fuerza, sanidad y liberación. Busque pan y jugo en su hogar, reúna a su familia y únalos para tomar la Cena del Señor.

- Si quiere llevar su relación con Dios a un nivel de relación de pacto, haga conmigo la siguiente oración:

"Padre Celestial, me comprometo a buscar una relación verdaderamente íntima y cercana contigo por medio de la oración hasta que Tú vengas. Quiero conocerte, amarte a Ti y a los demás, y dar mi vida por mis hermanos y hermanas. Me comprometo a buscarte, como lo hizo Jesús, en una relación de pacto en la que tenemos todo en común, en perfecta unidad y sociedad, compartiendo la vida y participando juntos en los sufrimientos de Cristo. Me comprometo a buscar una comunión perfecta, en la cual me convierta en uno contigo y tenga una intimidad tan profunda que me permita conocer todo de Ti y darte todo de mí. Prometo vivir en la revelación de Tu paternidad y de mi condición de hijo, en una relación de pacto perfecta, sellada por la sangre de Cristo y reafirmada diariamente por mi sacrificio vivo de obediencia, entrega total, adoración, búsqueda y devoción total a Ti por la gracia de Tu Espíritu Santo. Me comprometo a servirte todos los días de mi vida. Señor, hoy pongo mi vida delante de Ti; ya no me pertenezco a mí mismo, ya no tengo una voluntad propia, y ya no vivo para mí, sino que me comprometo a invertir mi vida en Ti y en otras personas. Como Abraham puso a Isaac en el altar, yo también pongo mi vida en el altar. Pongo a mi padre, a mi madre, mi vida pasada, mis amistades, mi dinero, mi carrera, mis negocios; todo lo pongo en el altar. Estoy disponible y listo para invertir mis recursos, tiempo y dinero en Tu reino y en mi relación diaria contigo, por la gracia de Tu Espíritu operando en mí. ¡En el nombre de Jesús, amén!"

Resumen del capítulo

- Dios vive en función de pactos. Desde la creación de Adán y Eva hasta Jesús, vemos que Él establece relaciones de pacto.

- Dios hace el pacto, lo guarda, lo empodera y se revela a través de él.

- El pacto bíblico es un acuerdo entre dos partes sellado con la sangre del sacrificio, basado en el compromiso mutuo.

- El pacto bíblico incluye bendiciones por cumplirlo y maldiciones por romperlo.

- En el pacto ambas partes se vuelven una en espíritu, cuerpo y mente. Esta unidad es una condición clave para moverse en el poder del Espíritu Santo para obrar milagros, señales y maravillas.

- La posibilidad de conocer a Dios solo viene a través del pacto. Allí, Él revela Su naturaleza divina.

- Todos los hombres de la Biblia que impactaron al pueblo de Dios tuvieron primero un encuentro con Él y entraron en una relación de pacto.

- Las bases para un pacto son:

    o **Compromiso:** El compromiso es dar y rendirse totalmente a algo o alguien de palabra y de hecho, sin vuelta atrás.

    o **Sacrificio:** Implica que nuestra vida debe morir en el altar mediante ofrendas espirituales de obediencia, devoción, servicio, muerte a la carne y entrega total a Dios.

> La prueba suprema de amor es dar la vida por los demás.

Notas

1. *Diccionario Merriam-Webster*, s.v. "conocer", https://www.merriam-webster.com/dictionary/know.

2. Mark Twain, qtd. en "Llegar a conocer a alguien es un largo proceso que dura toda la vida", Psychology Today, https://www.psychologytoday.com/intl/blog/emotional-fitness/201207/getting-know-someone-is-life-long-process.

Capítulo 9

Cómo desarrollar una relación cercana con Dios

En capítulos anteriores hemos venido descubriendo los diferentes aspectos y niveles que conforman la relación con Dios, que es la relación más importante de nuestra vida. Hemos reconocido el evidente llamado a esa relación que Dios ha puesto sobre nosotros como Sus hijos; hemos visto la vida de oración de Jesús como el testimonio real de esa relación; hemos entendido los propósitos del compañerismo y la intimidad en una relación; y finalmente, hemos aprendido que lo que marca la diferencia entre una relación con Dios y una relación con los demás, es el pacto. Es importante que sepamos todo esto para alcanzar el tipo de relación que Dios desea tener con nosotros. Ahora, en este último capítulo, quiero ayudarle a aplicar esta revelación a fin de desarrollar esa relación diaria con el Padre celestial. Mi objetivo es también responder cualquier pregunta que quede en su mente después de completar la lectura. Por ejemplo: ¿Cuáles son los pasos para lograr una relación diaria con Dios? ¿Cómo puedo lograrlo? ¿Cuál es mi papel en esa relación? ¿Cómo puedo asegurarme de que esa relación durará para siempre y no se desvanecerá en pocos años?

Quiero responder a estas preguntas de manera práctica, pero sobre todo, personal. Por eso, escribí este capítulo basándome en mis propias experiencias de relación personal y de comunión con el Padre. Con el ánimo de simplificar, he dividido el tema en siete puntos clave para mostrar en qué consiste esta relación. Veamos cada uno en detalle.

Claves que ayudan a desarrollar una relación con Dios

Entre en Su presencia con fe

Desde que comencé mi caminar con Cristo, aprendí que todo en Dios comienza con la fe. *"Pero sin fe es imposible agradar a Dios; porque es necesario que el que se acerca a Dios crea que le hay, y que es galardonador de los que le buscan"* (Hebreos 11:6). Nada podemos conocer de Él sin fe. La oración es, ante todo, un acto de fe; de lo contrario resulta completamente vana, inútil y ritualista. Cuando la oración se hace sin fe, se convierte en un acto en el que Dios no participa. Y si Dios no participa, estamos haciendo algo sin sentido, por nuestra propia cuenta. De esta manera es imposible conocerle. Se puede orar para entrar en la presencia de Dios, pero ¿cómo le habla a un Dios que no está presente? Debe creer con todo su corazón que Él está ahí, dispuesto para dialogar, y listo para responder sus oraciones.

Cada día, cuando me levanto, lo primero que hago es orar para entrar en la presencia de Dios. De inmediato oro con la mentalidad fija de que, por fe, Él está presente, es real y me está esperando para hablar. A menudo digo en voz alta: "Señor, sé que estás aquí esperándome".

Acercarse a Dios, en oración, es un acto de fe que no se hace con los sentidos naturales ni con los sentimientos.

La segunda cosa que sé por fe es que el Señor recompensa a aquellos que lo buscan diligentemente. (Vea Hebreos 11:6). Dios nos recompensa por buscarlo y a menudo lo hace con muchas cosas buenas.

Sea agradecido

Otra cosa que aprendí a hacer, y que se ha convertido en mi forma de vida, es entrar en la presencia de Dios con un corazón agradecido. No es un ritual, ni se hace de forma mecánica; yo lo hago con gratitud en mi corazón porque reconozco todo lo que el Padre me da a diario. Por eso la Biblia nos enseña: *"Entrad por sus puertas con acción de gracias, por sus atrios con alabanza; alabadle, bendecid su nombre"* (Salmo 100:4). Un error común que cometen los cristianos es ir a Dios con una lista de peticiones como si la única razón que tienen para hablar con Él es pedirle cosas. Si usted fuera a entrevistarse con un rey, un presidente u otra persona de gran influencia, nunca iría con una petición por delante. Seguramente, le llevaría un regalo como forma de agradecimiento por haberle recibido y reconocería su gran labor. Si esa persona expresa interés en algo que usted necesita, entonces hará la petición. Si así son los estándares mundanos, no entiendo por qué la gente sigue tratando a Dios de manera tan diferente, entrando directamente a pedirle cosas, sin antes reconocer lo que Él ya ha hecho.

El salmista proclamó *"Alabad a Jehová, porque él es bueno; porque para siempre es su misericordia"* (Salmo 118:1). El agradecimiento es parte de la alabanza. Nunca voy a Su presencia con una lista de peticiones por delante, porque conozco el protocolo del reino, que es ir a Su presencia, primero con acción de gracias. Además, recibir respuestas a mis peticiones no es lo que más me importa de Él. Me gusta meditar en los aspectos más eternos que Él encarna. Cada día, comienzo mi tiempo de comunión agradeciendo a Dios por ser bueno conmigo. Le agradezco por el Espíritu Santo; por la obra terminada de Jesús en la cruz; por llamarme al ministerio; por mi familia, iglesia y liderazgo;

por mantenerme con salud; por Su provisión ininterrumpida de todo, que supera lo que puedo necesitar, y lo hace sin que yo se lo pida. Le doy gracias después de cada servicio por Su presencia, por las almas, por Su Palabra, las profecías, las demostraciones de Su poder sobrenatural, etc. Todos los días le agradezco Su existencia; por revelarse a mi vida, por darme de Su poder y sabiduría, por Su bondad y paciencia, por Su gracia y favor, por abrirme puertas y por conectarme con personas claves que me llevan a crecer y cumplir mi propósito. Le agradezco por mis procesos, por no mirar mis defectos para bendecirme, y por hacerme Su hijo y darme identidad, herencia, privilegios, pertenencia, aceptación y propósito en la vida. Y la lista puede seguir de forma interminable.

Confiese sus pecados y arrepiéntase

Otra clave que forma parte del protocolo para entrar en Su presencia es estar limpio. No puede haber pecado en nuestra vida, porque Dios no cohabita con el pecado. Dice la Escritura que "*Si confesamos nuestros pecados, él es fiel y justo para perdonar nuestros pecados, y limpiarnos de toda maldad*" (1 Juan 1:9). El camino hacia la intimidad con el Padre requiere que estemos limpios de pecado. Por eso, cuando Dios le dio a Moisés el diseño del tabernáculo, se aseguró de colocar en el patio un área para que los sacerdotes se lavaran. "*Harás también una fuente de bronce, con su base de bronce, para lavar; y la colocarás entre el tabernáculo de reunión y el altar, y pondrás en ella agua. Y de ella se lavarán Aarón y sus hijos las manos y los pies. Cuando entren en el tabernáculo de reunión, se lavarán con agua, para que no mueran; y cuando se acerquen al altar para ministrar, para quemar la ofrenda encendida para Jehová, se lavarán las manos y los pies, para que no mueran. Y lo tendrán por estatuto perpetuo él y su descendencia por sus generaciones*" (Éxodo 30:18-21). Y sabemos que todo esto se hizo como una representación de lo que vendría con Jesús, cuando el tabernáculo sería trasladado a nuestros corazones (vea Hebreos 8:5; 2 Corintios 6:16).

Todo ser humano nace con pecado desde que Adán le abrió la puerta para que entrara en su línea sanguínea: *"Pero vuestras iniquidades han hecho división entre vosotros y vuestro Dios, y vuestros pecados han hecho ocultar de vosotros su rostro para no oír"* (Isaías 59:2). Por lo tanto, *"Si decimos que no tenemos pecado, nos engañamos a nosotros mismos, y la verdad no está en nosotros"* (1 Juan 1:8). Ninguno de nosotros puede perdonarse a sí mismo. Esa es la razón por la que Jesús tuvo que venir a la tierra y pagar por nuestros pecados, cargándolos sobre Sí mismo.

Cada día en mi oración, digo, "Señor, me arrepiento de todo pecado de comisión y omisión. Me arrepiento de todo pecado e iniquidad que pueda estar oculto en mi vida. Te pido, Padre, que quites de mí toda transgresión e injusticia para que pueda entrar limpio en el Lugar Santísimo y tener comunión contigo. Perdóname y límpiame, ahora, en el nombre de Jesús". Después de hacer esto con un corazón sincero, sé que los canales están abiertos para entrar en la presencia de Dios. Confío que Él no ocultará Su rostro de mí ni cerrará Sus oídos a mis oraciones. Llevo un estilo de vida de arrepentimiento y de santidad delante de Dios; pero estoy consciente que en este camino, cometemos errores y pecados, tanto a sabiendas como sin saberlo. Quiero estar seguro de que mi vida es recta delante de Dios; por eso, siempre pido perdón antes de entrar en Su presencia.

La confesión y el arrepentimiento nos ponen en posición de justicia delante de Dios.

Visualícese en Su presencia

Esta es una poderosa revelación que, en cierta medida, forma parte de ir a la presencia de Dios con fe. No puedo comenzar a orar si no me veo ante el Dios Todopoderoso. Es vital saber que estoy en Su presencia, situarme en ese lugar y tomar conciencia de que estoy allí. De hecho, al hacer esto, puedo orar en cualquier momento, sin importar dónde me encuentre físicamente. Cada vez que comienzo mi devocional y me veo ante Dios, Su presencia viene y puedo sentirla. Le digo: "Señor, reconozco Tu presencia y Te doy la bienvenida". Entonces, empiezo a orar.

Sin esta consciencia de verse uno mismo en la presencia de Dios, no hay verdadera oración, porque corremos el riesgo de orar con la boca, mientras nuestra mente está en otra parte. No somos conscientes de estar ante Dios. Ahora dígame, ¿se visualiza en Su presencia? ¿Qué sucede después que oramos? Si realmente ha estado en la presencia de Dios, al terminar de orar, usted puede notar que existe una diferencia. En mi caso, me siento recargado espiritualmente. Me convierto en un portador de esa presencia. Dondequiera que voy, la gente me dice: "Apóstol, usted carga la presencia de Dios; la puedo sentir". Por eso, es tan importante verse a sí mismo en la presencia, usar su imaginación espiritual y decirle al Señor: "Padre, reconozco Tu presencia en este lugar".

Una de las definiciones de la presencia de Dios es que es una atmósfera. Es algo que se puede sentir y percibir; es algo que nos rodea. Cuando llega gente a mi oficina, algunos comienzan a llorar y otros caen de rodillas. Nunca les digo que es aquí donde oro, que es mi lugar secreto, pero la presencia de Dios se acumula allí y la gente lo percibe. En mi oficina hay cielos abiertos porque ahí es donde me encuentro con Dios diariamente; allí oro, declaro e intercedo desde la presencia manifestada del Padre. Cuando salgo de ese lugar llevando la atmósfera de Su presencia, oro por las personas, y estas son sanadas y liberadas.

Desde que Jesús vino y cerró el antiguo pacto, y comenzó un nuevo pacto con Dios, ya no hubo necesidad de sacrificar animales. El templo fue derribado y el lugar de encuentro con Dios fue trasladado al corazón de los hombres. Hoy, ya no se asocia la presencia de Dios a un edificio, sino que usted mismo es portador vivo de esa presencia. Cada uno de nosotros es un portador. Esto significa que, si pasamos tiempo en Su presencia, irradiaremos la misma vida y el mismo poder de Dios. De algunos servicios he salido consumido por Su presencia, y al pasar al lado de la gente, muchos caen al suelo, otros lloran y adoran bajo el poder de Dios.

Cuando usted se visualiza en Su presencia nada más importa, porque Dios le está mirando, y usted lo mira a Él. Si algo más le llegara a importar, entonces aún no está allí. En Su presencia toda preocupación, miedo, ansiedad y temor desaparecen. Lo digo porque lo experimento cada día, y eso demuestra con claridad que estoy plenamente en Su presencia.

Adore

Jesús dijo: *"Mas la hora viene, y ahora es, cuando los verdaderos adoradores adorarán al Padre en espíritu y en verdad; porque también el Padre tales adoradores busca que le adoren. Dios es Espíritu; y los que le adoran, en espíritu y en verdad es necesario que adoren"* (Juan 4:23-24). Mi forma favorita de profundizar mi relación con Dios es a través de la adoración, porque en ella activo Su presencia con mi boca. Como dije al principio, voy a Dios con fe, sabiendo que Él está allí para mí; luego, participo en la acción de gracias; confieso mis faltas, errores y pecados; y me arrepiento con todo mi corazón. Entonces, me visualizo en Su presencia y empiezo a adorar al Padre.

Permítame darle un ejemplo práctico de cómo lo hago. Primero digo, "Padre, te adoro y te exalto. Tú eres mi fuente de vida, el lugar donde se origina mi ser. Tú eres mi dador de vida, fe, fuerza, gracia y sabiduría. Padre, todas las cosas —sean visibles o invisibles— se originan en Ti. Tú eres mi Padre, yo soy Tu hijo, y te amo con todo mi ser. Hoy, como cada día, te ofrezco mi corazón en adoración. Te adoro en espíritu y en verdad de forma sincera, transparente y con todo mi corazón. Te amo por lo que eres, porque Te has revelado a mi vida y has derramado Tu amor sobre mí. Tú me has amado primero y has cautivado mi corazón. Ahora, Señor, rindo mi voluntad para hacer Tu voluntad. Quiero ser el instrumento que uses para llevar Tu amor y poder al mundo. Padre, hoy —como cada día— me humillo ante Tu presencia; reconozco que sin Ti nada soy, y te necesito en cada paso que doy. Sin Ti no puedo vivir. Tú eres todo para mí; eres mi razón para existir y seguir adelante". A medida que la adoración en mi corazón crece, comienzo a adorar en lenguas.

Cuando llego a ese punto de mi oración, a veces me arrodillo, camino, levanto las manos o me postro. Muchas veces, las lágrimas vienen a mis ojos porque Su presencia me invade. Mientras adoro, Su presencia se derrama en oleadas. Es un momento precioso y sublime en el que Él comienza a revelarse a mi vida en diferentes áreas y maneras. Algunas veces puedo escuchar Su voz; otras veces siento la certeza de algo, y sé que es Él confirmándome lo que debo hacer.

La adoración hace que Dios se revele a Sí mismo.

En esos momentos de adoración, Dios me habla de todo —de mí mismo, de la iglesia, de alguna persona, de una situación, de una decisión que debo tomar, o de un movimiento que debo hacer. También me da asignaciones e instrucciones, fuerza y denuedo para obedecer, claridad de mente y espíritu, y mucho más. La adoración es la llave maestra que

Dios nos ha dado para revelar Su presencia. Oro que la iglesia regrese a la adoración. Si usted quiere desarrollar una relación íntima con Dios, debe convertirse en un adorador en espíritu y verdad. Pídale al Espíritu Santo que le ayude y le enseñe si no sabe cómo adorar. Yo hice eso, y Él siempre me ha guiado.

La clave es adorar hasta que la presencia de Dios venga y nada más importe.

A veces, durante los servicios, algunas personas se decepcionan si no oro por ellas, si no les impongo manos o no los toco. Todo cristiano necesita aprender a adorar para manifestar la presencia de Dios en su vida y no siempre depender de la relación de su pastor con Dios. Si usted ha dependido de eso, solo diga, "Señor, recibo mi sanidad, liberación, provisión, paz y gozo, directamente de Tu presencia, ¡ahora! Recibo todo lo que necesito de Ti, Señor". Si necesita un milagro de Dios y se está preguntando, "¿Cuánto tiempo debo adorar para obtener mi milagro?" La respuesta es, "adore hasta que reciba su milagro". Dios entrará en su circunstancia y obrará si lo adora, sin que nada ni nadie más le importe, sin tiempo ni límite. Todo lo que Él pide es que lo adore.

Debemos adorar hasta que Dios se nos revele.

Presente sus peticiones

En el original hebreo, la palabra "oración" es también sinónimo de "petición". El apóstol Pablo les escribió a los filipenses diciendo, *"Por nada estéis afanosos, sino sean conocidas vuestras peticiones delante de Dios en toda oración y ruego, con acción de gracias"* (Filipenses 4:6). Una petición es una demanda legal hecha en el cielo basada en la palabra de Dios. El verbo "peticionar" significa hacer una petición o demanda, especialmente a las autoridades, sobre algo que se debe. Después de la obra que Jesús hizo en la cruz todo quedó pagado; y todo lo que podemos necesitar o desear —sanidad, liberación, paz, prosperidad, etc.— ya fue pagado.

La oración es un clamor o una demanda en base a los derechos y privilegios que Dios nos promete como hijos e hijas. Cuando presento mis peticiones a Él, las presento como un hijo de Dios, no como un mendigo o un peticionario, sino como alguien que tiene derechos. Puedo apropiarme de esos derechos porque tengo una relación con Él como Su hijo. A veces, la unción para la intercesión viene sobre mí, y el Señor me dirige a orar por otras personas. Por ejemplo, cuando la pandemia estaba en su apogeo, Dios me guió a orar por todas las personas bajo mi cobertura y por la iglesia de Cristo en el mundo. Oré todos los días por esto, con todo mi corazón.

En mi oración diaria, a veces uso la oración del Abba Padre o del "Padre Nuestro" como un modelo a seguir, no como un ritual. Así es como oro: "Abba Padre, que estás en los cielos. Santificado sea Tu nombre. Fuente de vida y mi sustentador, traigo ante Ti todas mis peticiones. Que Tu reino venga y se expanda a nuevos territorios. Que se haga Tu voluntad en mi vida y en la vida de mis hijos naturales y espirituales. Suple mis necesidades y las de ellos. Líbrame de la tentación. Señor, líbrame de las asechanzas de satanás, del engaño y de engañar a los demás. Líbrame del amor al dinero y al poder, de la tentación sexual y de los apetitos de la carne. Dame el temor de Dios para resistir el mal. Padre, reclamo mis derechos como Tu hijo, basándome en Tus palabras. Creo en Ti y te doy gracias. Si oro de acuerdo a Tu voluntad, sé que se hará porque *"Esta es la confianza que tenemos en él, que si pedimos alguna cosa conforme a su voluntad, él nos oye. Y si sabemos que él nos oye en cualquiera cosa que pidamos, sabemos que tenemos las peticiones que le hayamos hecho"* (1 Juan 5:14-15). Te doy gracias, Señor. Tu paz invade mi mente y mi corazón por la certeza que tengo de que me escuchas y respondes mis oraciones".

Si oramos al Padre, en el marco de una relación de hijos de Dios, tenemos derecho a reclamar lo que legalmente es nuestro.

Medite

Cuando Josué sucedió a Moisés en la misión de llevar a Israel a la Tierra Prometida, Dios le dijo, *"Nunca se apartará de tu boca este libro de la ley, sino que de día y de noche meditarás en él, para que guardes y hagas conforme a todo lo que en él está escrito; porque entonces harás prosperar tu camino, y todo te saldrá bien"* (Josué 1:8). La palabra *meditar* en hebreo significa "imaginar, sollozar, hablar consigo mismo, susurrar, estudiar y decir". En otras palabras, lo que el Señor le dijo a Josué fue, "Quiero que tomes tiempo para meditar y susurrar sobre lo que he hecho en tu vida. Medita en Mí, que soy tu Dios, tu protector, tu proveedor, tu sanador y tu todo". Cuando usted medita en Dios, Él le habla.

En mis momentos de relación con el Padre, siempre me tomo el tiempo para meditar y esperar en Él para dar espacio a que el Espíritu Santo me hable. La oración es una comunicación bidireccional, que requiere hablar y escuchar. Muchos creyentes se limitan a hablar y hablar, pero nunca se detienen, en silencio, a esperar que Dios les hable. Meditar en la presencia de Dios también implica silencio. Hay momentos en los que dejo de hablar, me quedo en silencio y mantengo mi mente fija en Él y en Su palabra, con mis oídos atentos a Su voz. Pongo mi confianza en Él y me quedo quieto. *"Estad quietos, y conoced que yo soy Dios; seré exaltado entre las naciones; enaltecido seré en la tierra"* (Salmos 46:10). Este es un gran secreto para desarrollar una relación con Dios, porque es un silencio de intimidad; es un estado de conexión total con Él en el que no se necesitan palabras porque la comunicación es de corazón a corazón. Es un momento en el que descanso en Él, me abandono totalmente en Sus brazos. Dejo ir mis ansiedades, miedos e inseguridades con total confianza y vulnerabilidad. Me limito a contemplar Su santidad, a meditar en Él, en lo que ha hecho y está haciendo. Meditar es también la máxima expresión de la fe, ya que no interviene ningún sentido natural, sin embargo, estamos más cerca de Él que nunca. En momentos como esos, el Señor me ha dado preciosas revelaciones.

Tiene que saber que es vital que haga tiempo para esperar en Él, porque allí *"Él da esfuerzo al cansado, y multiplica las fuerzas al que no tiene ningunas. Los muchachos se fatigan y se cansan, los jóvenes flaquean y caen; pero los que esperan a Jehová tendrán nuevas fuerzas; levantarán alas como las águilas; correrán, y no se cansarán; caminarán, y no se fatigarán"* (Isaías 40:29-31).

Cuando entra en el reposo de la oración, es el Señor quien pelea sus batallas.

La oración y la relación con Dios no son leyes ni requieren una fórmula; al contrario, es una forma de comunicación entre Padres e hijos basada en el amor, la obediencia, la confianza, el compromiso y el respeto o temor a Dios.

¿Cómo poner en práctica los puntos anteriores?

Amado lector, permítame trasladar todo esto a la parte práctica y cotidiana. Para desarrollar una buena relación con Dios, usted necesita seguir los siguientes pasos:

Ore una hora diaria

Orar durante una hora no es una ley, tampoco una doctrina. Usted no irá al infierno si no ora una hora. Es un consejo práctico para que tenga éxito. La clave para desarrollar una relación personal con el Padre es el compromiso. Y para que el compromiso sea efectivo, necesita una base clara, como el tiempo y lugar que desea dedicar a la oración. Veamos lo que pensaba Jesús. *"Luego volvió adonde estaban sus discípulos y los encontró dormidos. '¿No pudieron mantenerse despiertos conmigo ni una hora?'"* (Mateo 26:40 NVI). ¿Por qué Jesús esperaba que como mínimo oraran una hora? Orar una hora crea disciplina y un hábito diario. Al principio, comenzará a hacerlo por disciplina, como sacrificio; después de un tiempo lo hará por deseo, pasión y amor, por querer estar con Dios.

Quizá se preguntará "¿Qué digo o qué hago en esa hora?" Simplemente acérquese a Dios con fe, dele gracias, adórelo, confiésese y arrepiéntase de sus pecados, visualícese en Su presencia, pídale a su Padre sus peticiones personales y corporativas, interceda por los demás y medite en Él. Acabamos de aprender sobre esto en las páginas anteriores. En este lugar de compañerismo usted será cambiado, sanado y liberado; recibirá milagros, conocerá a Dios y mucho más.

Ore de manera personal

Muchas personas asisten a la iglesia esperando cumplir su tiempo de oración durante el servicio. Sin embargo, la relación que el Padre exige de usted, como Su hijo o hija, no es la que se desarrolla en las reuniones de oración corporativa, sino estando a solas Él y usted. Observe que la Biblia no muestra a Jesús orando con Sus discípulos. Él siempre oraba a solas: *"Mas él se apartaba a lugares desiertos, y oraba"* (Lucas 5:16). La oración personal y privada siempre antecede a la oración pública o corporativa. Por lo tanto, su pasión debe ser tener una vida de oración personal.

También vemos que Jesús venció la tentación gracias a su compromiso de velar y orar. Sus discípulos no tenían el mismo compromiso, por lo que siempre estuvieron tentados a quedarse dormidos. *"Vino otra vez y los halló durmiendo, porque los ojos de ellos estaban cargados de sueño"* (Mateo 26:43). En mi caso, cuando por alguna razón no he podido orar debido a una emergencia u otra causa, me he sentido vulnerable a la tentación ese día. En esas ocasiones, me ha resultado más fácil perder la paciencia o ponerme triste, irritable y desanimado.

Le animo a comprometerse a orar, por lo menos una hora al día, y verá resultados poderosos. He planteado este reto a muchas personas, y sus vidas han sido cambiadas. ¡Todas sus oraciones fueron contestadas, desarrollaron una disciplina para orar, y se convirtieron en poderosos intercesores!

Ore sin cesar

El apóstol Pablo les escribió a los cristianos en Tesalónica a fin de enseñarles el principio de la oración, porque él también experimentó su poder. Les dijo, *"Orad sin cesar. Dad gracias en todo, porque esta es la voluntad de Dios para con vosotros en Cristo Jesús. No apaguéis al Espíritu"* (1 Tesalonicenses 5:17-19).

La oración no es una carga. Es el medio para desarrollar una relación personal con Dios. Tampoco es, en absoluto, una competencia, sino un principio que Jesús vivió y demostró. Comprométase a orar una hora al día como punto de partida de una vida de oración perpetua. Su compromiso le mostrará a Dios que usted se toma en serio su relación con Él y que realmente lo perseguirá en la oración. Ore de forma constante y persistente hasta que logre una relación profunda e íntima con Dios el Padre.

> El tiempo que pasa con Dios no es un gasto sino una inversión.

Haga un voto de consagración

Otra clave para desarrollar su relación con Dios es hacer un voto. Un voto es una promesa o un pacto, en que le promete a Dios apartarse y consagrar su vida en oración para desarrollar una relación íntima con Él. Consagrarse significa apartarse para Dios. Todas las mañanas, al levantarme, me recuerdo a mí mismo el voto que hice hace treinta y cuatro años, de buscar Su rostro, caminar en integridad y santidad, orar para desarrollar una relación íntima con Él y cumplirlo. Por eso mismo, no importa si no tengo ganas, si estoy cansado, apurado u ocupado; para mí ese voto está por encima de todo.

> Hacer un voto sostiene el compromiso, y éste sostiene el desarrollo de su relación con Dios.

Conclusión

Mi mayor esperanza, a medida que nos acercamos al final de este libro, es que cada lector haya podido recibir la revelación de la importancia de desarrollar una relación íntima, de compañerismo, con el Padre celestial. Que se dé cuenta que en esto consiste ser cristiano, y que todo lo demás es solo religión. Jesús no vino a morir para formar una religión. Él vino a restaurar nuestra relación con Dios, que originalmente se había roto por causa del pecado. Jesús vino para devolvernos el compañerismo con el Padre. Oro al Señor que usted amado lector pueda desarrollar su relación con Dios a través de la adoración, la fe, la pureza de corazón y el agradecimiento. El Espíritu Santo está llamando y reuniendo al remanente que preparará el camino para la segunda venida del Hijo de Dios. Oro para que usted forme parte de esa novia, sin mancha, que espera al novio velando y orando: "¡Ven, Señor Jesús!".

Oraciones contestadas

El Apóstol Tommy Acosta ha estado con el Ministerio El Rey Jesús por más de veinte años. Juntos, hemos pasado por los mejores y los más difíciles momentos. Conozco su relación con Dios y su fidelidad en tiempos de prueba. Su compañerismo con el Padre lo ha llevado a superar obstáculos y salir purificado como el oro una y otra vez. Este es el testimonio de su vida de oración:

> "Honestamente, mi relación con Dios es lo que me ha sostenido a lo largo de mi vida. En mi caso, mi conversión fue como un amor a primera vista, y creo que eso se debe al lugar de dónde Dios me sacó. Estaba casado y tenía dos hijos. Trabajaba bien, pero estaba profundamente sumido en el alcohol y las drogas. Una noche, mientras dormía, borracho y drogado en mi casa, me despertaron

los gritos de mi esposa. Mi pequeña hija de dos años se había ahorcado, enredada en el cordón de una persiana de la ventana. En el hospital, nos dijeron que tenía muerte cerebral. En medio del dolor y la culpa, decidí despedirme de mi hija y quitarme la vida. Cuando fui a verla, una mujer parada en la puerta de su habitación me habló de Jesús y, después de haberlo rechazado innumerables veces, lo acepté en mi corazón en el momento más bajo y oscuro de mi vida. Él se hizo muy real para mí. El día que mi niña murió, no solo recibí a Jesús, sino que tuve un encuentro con el Padre. Fue como si Dios estuviera literalmente allí. No sabía cómo orar, pero ese día supe que si le hablaba, Él me escucharía, a pesar de que no tenía las palabras o el conocimiento bíblico. Así que hablaba con Él en mi coche, en el baño, en mi habitación, en silencio; incluso le hablaba en mi mente. Esa relación fue creciendo hasta el punto en que ya no hablaba solo, sino que podía oírle. Él me habla a través de impresiones. Es como conocer algo en mi espíritu y saber que es Él, hablándome. Hasta el día de hoy, esa comunicación se mantiene y mejora. No estoy diciendo que me despierto todos los días listo para orar. No siempre es fácil. Algunos días estoy cansado, y es un sacrificio, pero sé que de ahí viene mi fuerza y mi vida. Además, lo hago porque no quiero volver atrás. No quiero darle la espalda a Dios. Quiero mostrarle mi eterna gratitud porque a Él le debo todo, y a Él le pertenezco. Yo no tengo nada. Solamente soy el administrador de lo que Él me ha confiado. Dios es tan misericordioso que, a pesar de mis errores, sigue estando conmigo, y me usa. Es muy fácil que la oración se vuelva mecánica, aburrida y repetitiva; sentarte ahí y orar en lenguas por una hora. No quiero hacer eso, así que voy a Su presencia, esperando que algo nuevo suceda. Y Dios nunca me decepciona. Cada día en Su presencia es una nueva experiencia. Todo en mi vida proviene de mi relación e intimidad con Él. Hoy puedo decir que la mayor bendición que tengo es mi compañerismo con Dios".

Damari Salcedo ha sido mi hija espiritual durante los últimos quince años. Ella vino a mí a una temprana edad, buscando la paternidad que le habían negado, y la encontró principalmente en Dios, y luego en mí como su padre espiritual. Verla hoy me llena de orgullo porque ha recorrido un largo camino, y su relación con el Padre la ha convertido en una mujer fuerte, valiente y sensible, que da abundantes frutos para el reino.

"Como alguien que creció siendo atea y luego entregó radicalmente su vida a Dios, y ahora es madre de tres hijos y pastora del Ministerio El Rey Jesús, mi vida de oración ha pasado por diferentes temporadas de creatividad. Sin embargo, siempre ha sido y será no solo fundamental, sino la parte favorita de mi caminar con Dios. Una de las mejores cosas que he aprendido en esta casa acerca de la oración es que es una comunicación bidireccional con Dios. No se trata solo de hacerle saber tus peticiones, sino de esperar en Él y escuchar lo que Él quiere decirte. Me encanta haber aprendido eso en esta casa porque ahora siento que mi oración tiene un propósito. Me ha enseñado que, en cada estación de mi vida, Dios tiene algo que decir, y quiere que acuda a Él para mostrármelo. ¡Él es un Dios tan relacional! Digo que mi vida de oración ha pasado por diferentes temporadas de creatividad porque, cuando estaba soltera, tenía todo el tiempo del mundo para orar tanto como quisiera. La oración era incesante, y atesoro esos momentos porque me hicieron lo que soy. Ahora, como madre y pastora, hay muchas interrupciones diarias. Aun así, es mi temporada favorita, porque siento que entiendo el amor de un padre mucho más de lo que lo hacía antes. Me gusta que mis hijos pasen tiempo conmigo. Me gusta escuchar cómo fue su día, cómo se sienten y qué quieren. También me gusta ver sus caritas mientras hablo de sus vidas y les enseño o les explico algo. No puedo evitar preguntarme que si eso me produce tanto gozo, ¿cuánto más se enamorará el Padre cuando nos relacionemos con Él?

"Mi vida de oración ahora tiene muchos momentos especiales, aunque me cuesta tener momentos ininterrumpidos y constantes. No importa si tengo que levantarme más temprano, o irme a la cama más tarde, encerrarme en el baño donde nadie pueda encontrarme, u orar con mi bebé en brazos. Sigo perseverando, porque son esos momentos con Dios, hablando con Él o escuchando lo que Él me dice, los que hacen que todo valga la pena. Cada victoria que he tenido en mi vida ha sido el resultado de una oración. Por ejemplo, recientemente estuve orando y hablando con Dios sobre la provisión para mi hija. Solo he tenido niños, así que no tenía nada para una niña. El Señor me dijo que no me preocupara, porque Él proveería abundantemente para ella, y me pidió que confiara en Él. Pues bien, Dios superó lo que me había dicho en oración, dándome tantas cosas que incluso tuve que regalarle a otras personas con niñas. ¡Algo tan simple como eso! Dios es fiel. Él conoce nuestros deseos, y tiene más ganas que nosotros de verlos cumplidos. Dios solo quiere que nos acerquemos a Él, que abramos nuestro corazón y le dejemos que nos hable".

Activación práctica

Amado lector, quiero darle un último ejemplo de oración que puede utilizar como modelo para hacer su pacto y consagración con Dios, para desarrollar una relación íntima con Él por el resto de su vida.

> *"Padre Dios, vengo delante de Ti como Tu hijo, con el fuerte compromiso de desarrollar mi relación contigo a nivel diario, personal e íntimo. Quiero hacer un voto delante de Tus ángeles, principados y poderes, de buscarte todos los días, en una relación personal para obedecerte y caminar en santidad. Consagro mi ser total, cuerpo, alma y espíritu a la búsqueda de Tu presencia. Me aparto para Tu uso exclusivo. Rindo mi vida en sacrificio para morir cada día a mí mismo por esta relación. Señor, te pido que me des la gracia para buscar Tu presencia en la oración y la adoración, diaria y constantemente. Señor, me comprometo a comenzar con una hora y crecer a partir de allí. Dame Tu gracia para perseverar hasta el final, y dame Tu fuerza cuando las mías fallen. Señor, oro para que mi fe nunca falte y pido que Tu Espíritu Santo me guíe siempre. En el nombre de Jesús, ¡amén!"*

Resumen del capítulo

Las claves para desarrollar una relación cercana con Dios son:

- Entre en Su presencia con fe, no con los sentidos naturales. Cuando lo busque, Él le recompensará.
- Sea agradecido, porque Él no nos debe nada, y Sus dádivas se dan a través de la relación.

- Confiese sus pecados y arrepiéntase de ellos para entrar limpios al Lugar Santísimo.
- Visualícese en Su presencia usando la imaginación espiritual. Si creamos esa atmósfera, podemos orar en cualquier momento y en cualquier lugar en Su presencia.
- Adore a Dios en espíritu y verdad; esta es la clave principal para atraer Su presencia.
- Presente sus peticiones. Estas son reclamos legales bajo los términos de Sus promesas.
- Medite en la Palabra y en Dios, es decir, tome tiempo para estudiar, imaginar, llorar y susurrar en Su presencia.

Para llevar a la práctica los puntos anteriores, le aconsejo que:

- Ore una hora diaria.
- Ore de manera personal. La oración en grupo no reemplaza la oración individual.
- Ore sin cesar. Ser constantes y continuos en la oración nos ayuda a desarrollar y consolidar todas las claves, con el fin de desarrollar una relación con Dios.
- Haga un voto de consagración. Esta es una promesa o un pacto, en el que le promete a Dios que se separará del mundo y se apartará para Él, para Su servicio y para hacer Su voluntad.

Acerca del autor

El Apóstol Guillermo Maldonado es pastor principal y fundador del Ministerio Internacional El Rey Jesús (ERJ), en Miami, Florida, el cual está cimentado en la palabra de Dios, la resurrección de Jesucristo, el mover del Espíritu Santo, la oración y la adoración. La edificación de líderes de reino y las manifestaciones visibles del poder sobrenatural de Dios distinguen a este ministerio. ERJ es una iglesia multicultural, considerada una de las de más rápido crecimiento en los Estados Unidos, con una membresía que supera las 25 mil personas, incluyendo la iglesia principal en Miami, sus sedes, iglesias hijas y la iglesia en línea. En medio de una visitación, el Apóstol Maldonado recibió la asignación específica de traer el poder sobrenatural de Dios a esta generación, y esta tarea la cumple alrededor del mundo. Actualmente, él es padre espiritual para más de 450 iglesias en 63 países, incluyendo Estados Unidos, América Latina, Europa, África, Asia y Nueva Zelanda, las cuales forman la Red Global Sobrenatural, que representa a más de 706 mil personas. También, es fundador de la Universidad El Rey Jesús (UERJ).

El Apóstol Maldonado es un escritor con récord de ventas a nivel nacional, que ha escrito más de 50 libros y manuales, los cuales han sido publicados en Inglés, Español y muchos otros idiomas. Entre sus libros más recientes podemos mencionar *Jesús regresa pronto, Creados para un propósito, Oración de rompimiento, Ayuno de rompimiento, Una vida libre de estrés, Cómo caminar en el poder sobrenatural de Dios, La gloria de Dios, El reino de poder, Transformación sobrenatural, Liberación sobrenatural, Encuentro divino con el Espíritu Santo y Sacudimiento y avivamiento de los últimos tiempos.* Asimismo, él predica el mensaje de Jesucristo y Su poder redentor en su programa internacional de televisión, *Lo sobrenatural ahora,* que se transmite en Daystar, Church Channel y otras 50 cadenas de TV, que alcanzan e impactan potencialmente a más de 2 mil millones de personas en el mundo.

El apóstol Maldonado tiene un doctorado en filosofía con especialidad en consejería cristiana de Vision International University, un doctorado en ministerio de Friends International Christian University, un doctorado en divinidad de Logos Graduate School y una maestría en teología práctica de Oral Roberts University. Él y su familia viven en Miami, Florida.

www.ingramcontent.com/pod-product-compliance
Lightning Source LLC
LaVergne TN
LVHW051553070426
835507LV00021B/2564